Coccinelle

Florence Belkacem

Coccinelle

RÉCIT

cherche midi

Vous pouvez consulter notre catalogue général
et l'annonce de nos prochaines parutions sur notre site :
www.cherche-midi.com

92, avenue de France
75013 Paris

Mis en pages par Nord Compo
Dépôt légal : mars 2020
978-2-7491-6410-6

« On ne fait pas les livres qu'on veut.
Il y a une fatalité dans le premier hasard
qui vous en dicte l'idée. »

Jules de Goncourt, février 1861

1

« Où s'en est-elle allée ? Dans l'ombre ?
Non. C'est nous qui sommes dans l'ombre.
Elle, elle est dans l'aurore. »

Victor Hugo, discours au cimetière
de Guernesey, 19 janvier 1865

Janvier 2013

Un arc-en-ciel se dessine devant moi. Immense et, pourtant, pas la moindre goutte de pluie sur le pare-brise de la voiture, pas de soleil non plus. J'ai toujours détesté rouler sur le périphérique, mais, cette fois, je ne ressens aucun stress à être prise en sandwich par des voitures enragées. Je suis comme happée par cet arc céleste. Un sentiment de paix m'envahit. Je comprends que cet arc-en-ciel, c'est elle. Elle, maman qui vient de nous quitter cinq jours plus tôt, un soir de janvier, et qui déjà se manifeste. Le message est clair : « Je suis bien. Calme-toi. » Ce dimanche devait être funèbre, il est lumineux. Même la douleur de la mort fait moins mal.

J'arrive à la maison de mes parents, où mes sœurs m'attendent. Il faut préparer les obsèques. J'ignore si papa se rend compte que maman n'est plus là. Il n'a plus toute sa tête.

Maman retrouvera sa terre natale, la Lorraine. Elle rejoindra le village où elle est née et a grandi, Saint-Jean-Kourtzerode, petit bourg fondé au XVIIIe siècle à quelques kilomètres de ce que l'on appelle « l'Alsace bossue ». La cérémonie religieuse se tiendra dans l'église où, il y a des années, elle avait dit au revoir à son père, puis à sa mère.

À l'église

J'ai toujours voulu le meilleur, le plus beau pour maman. Son départ pour l'éternité, je le veux poétique, bucolique et gai. Je suis arrivée de Paris avec des brassées de fleurs et des sacs de pétales de roses fraîches. Maman adorait les fleurs, surtout celles des champs. Et les roses aussi. Pendant des années, je n'ai jamais manqué de lui faire porter des bouquets ; toutes les occasions étaient bonnes pour lui faire plaisir. Je sais combien maman était touchée par mes attentions ; mon père, mes sœurs me le disaient. Elle avait même pris l'habitude de garder précieusement les petits mots qui accompagnaient mes cadeaux. Maman avait été peu gâtée dans la vie, et moi, je voulais rattraper ce passé…

Maman fait son entrée dans l'église. Enfin, son cercueil, suivi par la famille et les très proches. Il est 13 h 30. Il me reste une heure avant que la cérémonie ne débute. Je m'active, tel un metteur en scène soucieux de tourner au mieux la scène finale de son film. Lou, ma fille de dix ans, prend très au sérieux son rôle d'assistante.

Cette église néogothique n'a rien d'accueillant, elle est austère et froide. Il faut réchauffer l'atmosphère pour que maman s'y sente mieux. Je fais voler au sol les pétales de roses – jaune soleil, rose tendre, rose pastel, blanc, rouge –, et bientôt un tapis se forme. J'en disperse aussi sur son cercueil de chêne clair. Je suis sûre que maman adore !

Le curé, qui m'observe depuis la sacristie, me fait signe de le rejoindre ; je m'exécute. Il me saisit le bras et, avec un accent lorrain prononcé, me lance : « Vous me nettoierez tout ça après la cérémonie ! » Comment peut-il me parler ainsi en pareille circonstance ? Je suis outrée mais m'active de plus belle.

Je dispose les bouquets de fleurs dans des vases, déplace les chandeliers, bouge les statues, redécore les deux autels latéraux. Là encore, je sens que c'en est trop, cette fois pour ma cousine qui officie comme vicaire et surveille le moindre de mes gestes. Comme ce crucifix sur le cercueil, que j'ai voulu déplacer et qu'elle s'est dépêchée de repositionner… On ne plaisante pas avec le Seigneur ! Et, dans ce petit village lorrain, on n'apprécie guère les étrangers – les Parisiens et les méridionaux – qui bousculent les us et coutumes et donnent l'impression de vouloir faire comme bon leur semble.

Quelques personnes arrivent plus tôt que prévu et me regardent m'affairer d'un air médusé. Ma cape noire virevolte au gré de mes déplacements, les talons de mes bottes noires vernies résonnent sur les dalles et, dans mes pas, ma petite Lou, qui fait de son mieux pour égayer la cérémonie. Les cloches vont bientôt sonner le début de la messe, et il me faut encore déposer sur les bancs de l'église les trois cents cartons épinglés de fleurs fraîches, sur lesquels j'ai fait imprimer le poème du chanoine Henry Scott Holland,

« L'amour ne disparaît jamais », parfois attribué – à tort – à Paul Claudel ou à Charles Péguy.

> « La mort n'est rien, je suis simplement passé dans la pièce à côté.
> Je suis moi, vous êtes vous.
> Ce que nous étions les uns pour les autres,
> Nous le sommes toujours.
> Donnez-moi le nom que vous m'avez toujours donné,
> Parlez-moi comme vous l'avez toujours fait,
> N'employez pas un ton solennel ou triste,
> Continuez à rire de ce qui nous faisait rire ensemble,
> Priez, souriez, pensez à moi,
> Que mon nom soit prononcé comme il l'a toujours été,
> Sans emphase d'aucune sorte, sans trace d'ombre,
> La vie signifie tout ce qu'elle a toujours signifié,
> Elle est ce qu'elle a toujours été.
> Le fil n'est pas coupé,
> Simplement parce que je suis hors de votre vue.
> Je vous attends. Je ne suis pas loin.
> Juste de l'autre côté du chemin.
> Vous voyez : tout est bien. »

Peu à peu, l'église se remplit, et j'entends murmurer des : « Oh, comme c'est joli ! » Ou encore : « Elle a de la chance, Jeanne ! » Un rayon de soleil s'invite ; il éclaire les pétales de roses multicolores. Douce harmonie qui me comble.

La cérémonie commence. L'émotion m'étreint.

Nous nous tenons au premier rang, sur la droite. Dans l'ordre : mon beau-frère, ma sœur cadette Ève, ma sœur aînée Clo, moi, ma fille et mon mari. Seul papa manque, nous manque. La faute à cette sale maladie qui fait de lui un homme diminué. Lui si élégant encore. Cruauté de la vie et double douleur. Maman follement amoureuse de ce beau brun venu de Kabylie, rencontré dans une brasserie lorraine à Paris. Clin d'œil du destin. Un Kabyle et une Lorraine, mariage du chaud et du froid, du Sud et du Nord…

Le curé rend hommage à maman. Je lève les yeux vers la voûte de l'église. Je suis sûre que maman nous voit, et qu'elle se dit : « C'est magnifique ce que Florence et Lou ont fait pour moi. » Bizarrement, j'ai agi comme si elle m'observait. À tel point que, sur le moment, je n'étais même pas triste ; au contraire, c'était même plutôt joyeux. Maman a toujours apprécié mon énergie et la façon dont je décorais la maison pour les fêtes de Noël, Pâques, ou encore la table pour les déjeuners du dimanche. Le bonheur pour elle.

Ma fille me tapote le bras. Je la regarde et aperçois mon mari qui semble aussi vouloir me dire quelque chose. Il pointe son index vers la balustrade du banc et me montre une coccinelle qui se dirige dans ma direction. Une coccinelle ? Je n'en crois pas mes yeux. Mais d'où vient-elle ? Son rouge vermillon me charme. Je tends la main, et la voilà qui grimpe dessus… Lou tend un doigt à son tour, et elle explore bientôt sa main. Puis revient sur la mienne. Je la montre à ma sœur aînée, qui la fait aussi monter sur sa paume, puis me la redonne. La coccinelle donne l'impression de ne pas vouloir nous quitter.

Mon autre sœur se demande ce qui se passe et découvre alors le petit insecte qui apporte un souffle de légèreté à la cérémonie. Ma fille s'agite, nos voix commencent à résonner dans l'église, si bien que le curé s'agace d'un « S'il vous plaît… ». La coccinelle fait un bout de chemin sur mon bras, puis mon poignet. Je la laisse filer sur le balustre du banc. Ma fille tente à nouveau de la prendre, mais l'insecte s'envole et disparaît…

Nous revenons à maman. Chacune des trois filles va maintenant s'adresser à elle. Derniers mots pour la faire vivre encore et lui dire merci. Derniers mots du curé aussi. Le froid me transperce, je serre ma petite Lou contre moi. Nous quittons l'église pour accompagner maman dans sa « dernière demeure ».

C'est bizarre, cette formule. Je l'emploie mais je ne l'aime pas, car une tombe n'est pas une maison.

Au cimetière

Le temps est gris, pluvieux, venteux. Un jour d'hiver humide comme on ne les aime guère. C'est à pied que nous gagnons le cimetière situé à deux cents mètres de l'église. Nous marchons en procession.

Ce petit cimetière, je le connais depuis mon enfance. J'y ai souvent accompagné maman, et nous avions pour habitude de faire le tour des tombes et des histoires des défunts. Combien de fois lui ai-je demandé de me parler de ce garçon du village, Florent, qu'elle trouvait si beau, mort tragiquement d'une leucémie à quinze ans dans les années 1970 ? Sa tombe toute blanche m'impressionnait quand j'étais petite fille. Toujours fleurie, comme s'il venait de mourir hier. À présent, c'est ma fille qui m'interroge en passant devant la stèle.

Dans quelques instants, ce sera à maman de franchir le portail du cimetière, et mon cœur se serre de plus en plus fort. Sur mon visage, la pluie, comme des larmes du ciel.

Nous voici devant son cercueil. La voix du prêtre résonne.

> « Seigneur, tu accueilles toute vraie prière et tu écoutes les appels de notre cœur.
> Avec toute notre affection, nous avons accompagné Jeanne jusqu'ici.
> Qu'elle trouve auprès de toi la paix et la joie, avec ceux que tu appelles à rentrer dans ton Royaume.
> Par Jésus, le Christ, notre Seigneur et notre Dieu, qui règne sur nous pour des siècles et des siècles.
> *Amen.* »

Nous la quittons. Des roses recouvrent son cercueil. En ce jour d'hiver, je pense à ces vers d'Arthur Rimbaud qui soulagent ma douleur.

> « Elle est retrouvée.
> Quoi ? – L'Éternité.
> C'est la mer allée
> Avec le soleil[1]. »

À la maison de Lorraine

Famille et amis viennent se réchauffer au hameau de Kourtzerode, dans cette maison à laquelle maman tenait tant et où nous fêtions Noël presque chaque année.

1. « L'éternité », *Derniers vers,* 1872.

D'ailleurs, des décorations ornent encore les murs, comme si rien ne devait jamais s'arrêter.

La réalité est autre.

Tout le monde semble si heureux de se retrouver. Après la peine, la joie. On boit, on mange et on parle lorrain. C'est comme ça, entre Sarrebourg et Phalsbourg. Pour la famille, c'est toujours un peu la fête quand les Parisiens débarquent à Kourtzerode !

Un peu perdue, tante Marguerite, elle, reste inconsolable. Désormais, elle n'a plus ni sœurs ni frère. Et nous, plus de mère.

Au coucher, je repense à cette journée, et je m'inquiète pour maman, toute seule là-bas, au cimetière. Elle, l'angoissée qui avait si peur de la nuit noire à la campagne.

> « Le mort est seul. Il sent la nuit qui le dévore.
> Quand naît le doux matin, tout l'azur de l'aurore,
> Tous ses rayons si beaux,
> Tout l'amour des oiseaux et leurs chansons sans nombre,
> Vont aux berceaux dorés ; et, la nuit, toute l'ombre
> Aboutit aux tombeaux. »

Victor Hugo, *Les Contemplations*
(Livre VI, « Au bord de l'infini », 1856)

Je m'endors sur l'image de cette coccinelle surgie en pleine messe et de sa robe rouge vif. Combien de points ? Je suis incapable de le dire, j'ai oublié de compter.

Je me demande pourquoi elle est toujours revenue vers moi après être allée de bras en bras. Où est-elle maintenant ?

Ce que je sais, c'est qu'elle a éclairé ce jour de larmes.

2

« Qu'il était bleu, le ciel, et grand, l'espoir. »

Verlaine, « Colloque sentimental »,
Fêtes galantes, 1869

Respire, maman, respire

Nous sommes de retour à Paris. Cet insecte m'intrigue. Une coccinelle en plein mois de janvier dans une petite église de Lorraine qui n'est presque jamais ouverte : comment est-ce possible ? Peut-être cette coccinelle venait-elle des fleurs rapportées de Paris ? Mais pourquoi, alors, ne s'est-elle pas échappée pendant le voyage, alors que nous avons dû changer de train avant d'arriver à Sarrebourg ?

Je décide de contacter François Lasserre, un entomologiste que j'avais interviewé. Et celui-ci est formel : une coccinelle en plein mois de janvier dans une église, c'est quasi impossible. Sauf si…

« Sauf si ?

– Sauf si l'église est chauffée à bloc tous les jours, et qu'en raison de la chaleur, un nid de coccinelles se réveille.

– Donc les coccinelles hibernent l'hiver ?

– Oui, pour réapparaître au printemps, quand les températures dépassent les 10 °C, et qu'elles doivent assurer leur descendance. »

Cette explication me laisse perplexe. D'autant que l'église de Saint-Jean-Kourtzerode n'est que rarement ouverte, comme dans tous ces villages de France où les curés et les fidèles se font rares.

Dix jours plus tard, je reçois l'appel d'une attachée de presse qui me propose un entretien avec une médium, Patricia Darré. Elle vient de publier un livre dans lequel elle raconte sa communication avec les défunts. Ma réponse fuse :

« Non, écoutez, ce n'est pas le moment… Je viens de perdre ma mère, et je n'ai aucune envie d'entendre parler de la mort, ni des morts.

– Pardonnez-moi d'insister, Florence, mais vous devriez la rencontrer. C'est une femme qui ne vous laissera pas indifférente.

– Je suis désolée, mais je ne suis pas en état. Rappelez-moi dans une quinzaine de jours. »

Cette conversation me remue. Je revois l'image de maman mourante sur son lit d'hôpital, livide, les yeux fermés, masque à oxygène sur le visage. Elle est inerte. Seul le masque s'active, produisant un son qui nous oppresse.

Le médecin vient annoncer qu'elle s'éteindra dans les prochaines heures. Ma sœur aînée ne peut se résoudre à le croire.

Nous sommes toutes les trois réunies autour d'elle, Clo lui murmure des mots doux et réchauffe sa main, Ève lui caresse le front et les cheveux. Moi, j'ai du mal à la toucher – et même à lui parler –, je suis comme paralysée.

Il est 22 heures lorsqu'un râle sourd émane du plus profond de son être en soulevant ses côtes. Il nous transperce d'effroi. Je sens que maman nous quitte. Ma grande sœur, comme pour mieux se convaincre, prétend que ce râle est dû à l'infection pulmonaire, et que maman ira sans doute mieux après. Nous nous agrippons à elle. On retient nos larmes. Je lui dis : « Respire, maman ! S'il te plaît, respire ! »

Ma sœur cadette tente de la réconforter dans cet ultime moment.

« Tes trois filles sont à tes côtés, maman. Comme toujours. Tu le sais bien, maman, hein ? »

Et puis la machine qui enregistre les battements de son cœur s'emballe. Bip, bip bip... Insoutenable. Une infirmière accourt, cherche désespérément le pouls. Moi, j'ai les yeux rivés sur le monitoring cardiaque, à présent désespérément plat et infiniment triste.

« Votre maman vient de décéder. Je vais prévenir le médecin pour faire le constat. »

Je regarde ma montre. Il est 22 h 15, et un sentiment étrange s'empare de moi. J'ai l'impression que son âme est en train de partir. Là, maintenant, et à une vitesse inouïe.

Je le ressens si fort que j'en tremble.

Seul son corps demeure. La dépouille mortelle, comme l'on dit. Affreuse expression, mais dont je comprends le sens pour la première fois.

Mes sœurs, elles, se cramponnent à maman, lui tiennent la main encore tiède, l'embrassent. Ma sœur aînée croit même encore sentir battre son pouls.

Je tente de la raisonner. Je lui dis que maman est peut-être soulagée d'avoir quitté son corps malade et heureuse de retrouver ses parents, Oma et Opa, sa sœur, son petit frère… Pour moi, il ne fait aucun doute que maman n'est plus là, et la vision de son corps m'est insupportable. Je quitte la chambre et n'y retournerai plus. Dans le couloir, je m'effondre.

Je reverrai maman dans son cercueil, la veille de l'enterrement. Toute jolie, pimpante, l'air d'une reine. Si élégante dans son chemisier à collerette en voile de coton beige rosé. Merci, mes sœurs. Quelle joie de la retrouver !

Je demanderai à l'homme qui la prépare, le thanatopracteur (quel mot barbare !) de lui ajouter un peu de blush sur les joues et les paupières. Il me tendra le pinceau, mais je n'oserai pas. Pas le courage. Et, pourtant, je me souviendrai des dizaines de fois où je l'ai maquillée… Je ne la laisserai pas partir sans l'embrasser, et je réussirai à déposer un dernier baiser sur sa joue glacée. Puis je la quitterai. Dans le couloir, j'entendrai les coups de marteau qui scellent le cercueil.

La mort repousse, tient à distance. Tout à coup, on devient incapable de toucher l'être que l'on a tant aimé, chéri. Comme si déjà l'on établissait une frontière entre les vivants et les morts.

Février 2013

L'attachée de presse n'a pas oublié de me rappeler, et j'accepte de rencontrer Patricia Darré. Rendez-vous est fixé au café des Deux Magots, à Saint-Germain-des-Prés. J'appréhende.

Dès mon arrivée, je suis frappée par ses grands yeux noirs. Son regard vous happe et vous fait basculer dans un autre monde.

J'enchaîne les questions, mais la coccinelle de l'église vole dans ma tête, et l'image tourne presque à l'obsession. Je ne résiste pas à la tentation de lui parler de ce que j'ai vécu et ressenti.

« Une coccinelle est venue se poser sur ma main à l'église, lors de la messe d'enterrement de ma mère. C'était il y a un mois. Nous nous trouvions en Lorraine et, dehors, il faisait 5 °C… »

Je n'ai pas le temps de terminer ma phrase.

« Oui, normal. Cette coccinelle, c'est votre maman qui s'est manifestée. Les défunts ont pour habitude d'envoyer des plumes, des oiseaux, des papillons… ou encore des coccinelles.

– "Ont l'habitude", dites-vous ?

– Oui. C'est leur façon de signaler leur présence.

– Donc vous pensez vraiment que la coccinelle, c'était un signe de maman ?

– Ça ne fait aucun doute pour moi. »

Je souris, mais je suis en larmes.

« Votre maman est toujours avec vous, Florence. Même si vous ne la voyez plus. »

Je quitte Patricia Darré. Dans la rue, je me jette sur mon téléphone et appelle ma sœur aînée.

« Je sors d'une interview avec une médium, elle m'a assuré que la coccinelle dans l'église, eh bien, c'était un signe de maman ! Tu te rends compte ?

– Ah bon ? Et tu la crois ?... Mais comment peut-elle savoir ? Tu sais, les médiums... »

C'est vrai que rien ne prouve que cette coccinelle est une manifestation de maman, et ce ne sont peut-être que des affabulations. Mais qu'importe ! Cette coccinelle m'emplit de joie, et j'ai envie d'en savoir plus.

Quand maman s'en est allée, les jours suivants ont été extrêmement douloureux. Lorsque je fermais les yeux et que je pensais à elle, je n'arrivais plus à la visualiser. L'image était comme brouillée. Comme si mon cerveau était devenu incapable de m'envoyer une représentation vivante d'elle. Je ne voyais plus que son cadavre étendu sur un lit d'hôpital.

Et puis il y a eu l'arc-en-ciel et, à partir de ce moment, le visage de maman m'est revenu. Un visage lumineux, qui me souriait et qui avait rajeuni d'au moins vingt-cinq ans. J'ai alors ressenti une douceur qui m'enveloppait et compris qu'elle était bien dans son nouveau monde. Elle me le faisait savoir.

Enfant, j'ai été traumatisée par la mort. Et notamment par celle de mon oncle Cajou, décédé d'une rupture d'anévrisme à trente-huit ans en pleine nuit. J'avais tout juste neuf ans lorsque je me suis retrouvée face à son cadavre. Car maman et ma tante Filne avaient insisté pour que j'entre dans la chambre pour lui dire adieu.

C'est vrai qu'il était beau, oncle Cajou, et chic dans son costume tout neuf. Mais, pendant des années ensuite, cette image m'a hantée. Et aujourd'hui encore, elle est intacte dans ma mémoire. Il aura fallu plus de vingt ans pour que je puisse de nouveau avoir le courage de m'approcher d'un défunt : mon grand-père paternel. Si beau aussi à quatre-vingt-treize ans. Malgré tout, il m'était impensable d'obliger ma fille de dix ans à voir sa grand-mère dans son cercueil.

3

« Et l'absence, après tout, n'est rien lorsque l'on s'aime. »

Guillaume Apollinaire,
Lettres à Lou, septembre 1915

Vacances de Pâques 2013

Trois mois que maman s'en est allée. Il serait peut-être temps de se recueillir sur sa tombe.

Avec ma sœur aînée et ma fille, je quitte Paris pour rejoindre la maison de famille en Lorraine. C'est toujours émouvant de revenir dans un lieu où les objets, les habits et les parfums témoignent de la vie de l'être disparu. On ouvre une armoire, et l'on serre contre soi un pull ; on le respire dans l'espoir de sentir encore une odeur. On retrouve un mouchoir délicatement plié dans une veste. On glisse ses pieds dans des chaussons qui semblent attendre… Les larmes ne sont jamais loin.

La maison n'a été ni ouverte ni chauffée depuis l'enterrement. Ma fille et moi décidons de nous installer dans la chambre de mes parents. Il y fait plus chaud, et c'est un peu comme un cocon. Dehors, il fait un sale temps : du ciel gris, de la pluie, du vent. Le printemps se fait désirer. Nous profitons de cette première journée pour faire la sieste. Nous nous glissons sous les couvertures, on chahute, on rit, on papote, puis, doucement, les yeux se ferment.

Nous dormons depuis une bonne demi-heure lorsque, tout à coup, un bruit provenant de la fenêtre nous fait sursauter. Comme si quelqu'un avait lancé un petit caillou contre la vitre pour éveiller notre attention. Nous nous précipitons.

« Tu vois ce que je vois ?

– Oui, maman, c'est bien une coccinelle au milieu du carreau. Mais pourquoi est-elle à l'intérieur de la maison ? »

Je saisis immédiatement mon téléphone pour prendre des photos et filmer. C'est étrange, j'ai même du mal à suivre la petite bête avec l'objectif tant elle se déplace vite. Elle monte le long de l'encadrement de la vitre, puis redescend, prend son envol et revient encore au centre.

Je demande à Lou de courir chercher ma sœur. Visiblement, elle aussi s'était assoupie car elle tarde à venir. Et nous voilà toutes les trois devant l'insecte, bouche bée.

« La fenêtre était ouverte ? s'interroge ma sœur.

– Non, c'était comme si on avait cogné contre le carreau, et c'est ce bruit qui nous a réveillées.

– Mais Flo, une coccinelle, ça ne fait pas de bruit !

– Non, et en plus elle est à l'intérieur ! Et si c'était un signe de maman ? »

Nous observons encore la coccinelle un petit moment, puis j'ouvre la fenêtre, et elle disparaît.

Je regarde ma montre : il est 16 h 30. Un bon thé et quelques viennoiseries alsaciennes nous remettent de nos émotions. Pourtant, l'envie de revoir les photos et la vidéo nous taraude.

« C'est bizarre, cette coccinelle qui surgit tout à coup dans la chambre de maman et de papa alors que nous n'avons pas ouvert les fenêtres depuis notre arrivée, me dit ma sœur.

– Et ce bruit sur la vitre qui nous a réveillées, comment tu l'expliques ? Moi, je suis sûre que c'était maman ! Elle a profité de notre sieste pour se manifester.

– Bon, et si on allait faire des courses… »

Ma sœur a visiblement envie de passer à autre chose. Probablement son esprit cartésien. Moi, je n'ai de cesse de regarder la vidéo et je m'interroge. Cette coccinelle avait bien toutes les caractéristiques d'une coccinelle – robe rouge, points noirs… Il n'empêche qu'elle dégageait quelque chose d'étrange voire de surnaturel dans son comportement. Elle était rapide, agitée et presque insaisissable.

Déjà, à l'église, l'apparition d'une première coccinelle en plein mois de janvier était improbable. Et maintenant, cette deuxième coccinelle. Si ma sœur doute, moi, je commence à y croire. Et j'en viens à me demander pourquoi les coccinelles viennent toujours vers moi.

Nous restons encore quatre jours en Lorraine, mais plus l'ombre d'une coccinelle dans notre maison. De retour à Paris, je suis euphorique lorsque je raconte à mes amis que j'ai vu une nouvelle coccinelle. On m'écoute avec attention, on s'étonne ou on sourit, mais je sens bien dans les regards que tous pensent : « Elle est attendrissante, avec son histoire de coccinelle, Florence. Mais bon, ce n'est pas très sérieux… »

S'ils savaient pourtant combien c'est réconfortant, de savoir que tout ne s'arrête pas avec la mort, et que chacun peut à sa façon communier avec l'être disparu.

Maman

Maman, je l'ai déjà perdue une première fois, quand la mémoire l'a quittée et qu'elle a commencé à perdre la raison.

Je retrouve un texte écrit quatre ans avant sa mort, sous la forme d'une lettre dont j'étais la seule destinataire.

> *Vendredi 7 août 2009, 16 heures.*
>
> *C'est mon anniversaire. Ma sœur Clo me passe maman au téléphone. Je tente de lui dire qu'aujourd'hui c'est mon anniversaire. « Maman, tu te souviens ? Le 7 août, je suis née. » À l'autre bout du fil, c'est le silence. Je m'efforce de répéter. « Maman, tu te souviens ? Tu m'as toujours souhaité mon anniversaire… » Elle marmonne quelques mots inaudibles, et Clo lui reprend le combiné. Pas la peine d'insister.*
>
> *Tout à coup, les larmes me viennent aux yeux. Non, je les ravale. Je ne suis plus rien pour maman. Comme si je n'avais jamais existé. C'est un sentiment douloureux de penser que sa propre mère n'a même plus le souvenir d'avoir mis au monde un de ses enfants.*

Avec maman, il ne se passait pas un jour sans que l'on s'appelle. Elle était ma confidente et ma première supportrice. Si fière, si heureuse lorsqu'elle m'entendait à la radio, me voyait à la télévision ou lisait mes interviews dans la presse. « C'est formidable ! » avait-elle coutume de dire. Son indéfectible soutien me faisait avancer, et je crois que, au fond, elle aimait mon audace et ma capacité à me relever de situations difficiles. Elle, si douce, si timide, si pudique.

Maman n'avait qu'un seul diplôme en poche : son certificat d'études, obtenu à Phalsbourg avec la mention très bien. Elle aurait pu mener d'excellentes études, mais la vie en a décidé autrement, et elle s'est dévouée corps et âme à l'éducation de ses trois filles. On pouvait tout lui demander, elle ne disait jamais non et ne se plaignait pas. C'est elle qui m'a donné le goût de l'effort et du travail. Je la remercie tous les jours et j'espère que ma fille pourra en dire autant de moi.

Je me revois petite, accrochée à sa jupe, marchant dans son ombre et allant m'asseoir sur ses genoux à la fin de chaque repas.

Mon attachement venait peut-être aussi de cette fragilité que j'ai ressentie en elle dès ma prime enfance. Il y avait quelque chose qui l'empêchait d'être pleinement heureuse. Comme si le droit au bonheur lui était interdit. Je n'ai jamais compris pourquoi. Jusqu'au jour où…

Un an après sa disparition, les langues se sont déliées lors d'un dîner de famille, et j'ai pris conscience des raisons de sa blessure.

Si mes grands-parents ont accepté que leur fille Jeanne épouse Mohand, un Kabyle d'Algérie arrivé adolescent à Paris à la fin des années 1940, certains membres de la famille n'ont pas été aussi tolérants et généreux.

Le parrain de ma mère, qui la chérissait pourtant comme sa propre enfant, l'a même répudiée. Quant au curé de Saint-Jean-Kourtzerode, il a refusé toute cérémonie nuptiale à l'église, par crainte du scandale.

« Dans les années 1950, marier une Lorraine à un Arabe, cela choquait », se rappelle tante Joséphine.

Maman s'est donc vu refuser l'entrée de l'église, contrairement à ses quatre frère et sœurs. Elle s'est contentée d'une bénédiction dans la maison familiale, à l'abri des regards malveillants. Pas de robe de mariée, pas de photo de mariage, pas de défilé dans le village. Rien, sinon soixante ans de silence pour oublier ce « péché originel ». Maman n'a jamais voulu nous raconter les circonstances de son mariage. Papa non plus, d'ailleurs. Et, bizarrement, comme si j'avais pressenti un tabou, je ne leur ai jamais posé de questions ni demandé à voir des photos. Épouser un Belkacem a été un combat de tous les jours.

Un cousin s'est même étonné qu'on veuille enterrer papa au cimetière de Saint-Jean-Kourtzerode, comme si maman, revenue sur sa terre natale, ne devait plus accueillir son mari d'origine maghrébine. Ce jour-là, j'ai tristement et furieusement compris que rien n'avait changé. Même s'il avait su se faire aimer de tous, boire des Amers – les bières alsaciennes aux infusions de plantes – et se faire appeler Dédé, papa restera toujours l'étranger. Qu'importe. Mohand retrouvera un jour sa Jeanne.

Maman, j'ai toujours cherché à la rassurer. Dès que j'avais une bonne nouvelle, je me réjouissais de la lui annoncer et je courais dans l'escalier. Elle savait que c'était moi qui arrivais.

Quand je pense à elle, seuls les jours heureux me reviennent. Je la revois dans le jardin de Kourtzerode, par une chaude après-midi d'été, active comme toujours, chapeau de paille sur la tête, pelle dans une main, et tenant de l'autre ma petite Lou de trois ans. Toutes deux sont postées devant un rang de salades attaquées par des limaces gloutonnes, l'air consterné – maman, surtout. Elles sont si touchantes.

J'ai le sentiment qu'avec le temps la mort détient ce pouvoir magique d'effacer les nuages sombres d'une existence pour ne renvoyer que les moments de ciel bleu.

J'ai toujours été hantée par l'idée de perdre maman, et je n'étais pas la seule. Papa aussi. Sans elle, il était comme un enfant égaré. Je l'entends encore l'appeler : « Viens voir, Jeanne ! » Ou encore nous questionner : « Elle est où, maman ? »

Mon père n'a pas eu la chance d'avoir une mère – la sienne est morte en lui donnant la vie. Alors maman, c'était aussi un peu sa mère.

J'ai découvert dans un de mes carnets de petite fille un poème écrit lors d'un séjour en clinique, quand je me suis fait enlever les amygdales. J'avais à peine douze ans, et déjà pointait cette angoisse de la voir disparaître.

Samedi 11 mai, vers 9 h 30.
Oh ! Ma mère !
Une mère, c'est une vie qui nous suit à chaque instant.
Quand elle me parle, sa voix si douce

Est comme une étoile qui brille dans le ciel
Mais quand cette vie s'éteint, l'étoile n'est plus là
Dans le ciel étoilé et l'air si doux.

Florence
Poème écrit à la clinique des Buttes-Chaumont

Certes, l'étoile a disparu, mais une coccinelle s'est posée sur ma main.

Le ciel est bleu.

4

« Les âmes, libellules de l'ombre. »
Victor Hugo

De Socrate à Diderot…

Je souris en pensant à Serge Gainsbourg et à sa boutade : « Rendre l'âme, d'accord, mais à qui ? » Maman l'a probablement rendue à Dieu, puisqu'elle était croyante.

Selon le linguiste Claude Duneton, l'expression française « rendre l'âme » date du XVIe siècle, et chacun comprend qu'il s'agit du dernier souffle quand on passe de vie à trépas. L'expression s'inscrit dans la tradition chrétienne : l'âme appartient à Dieu, son créateur, et elle doit lui être rendue au moment de la mort, pour être jugée.

Je l'ai déjà raconté : à l'instant même où le cœur de maman a cessé de battre, j'ai ressenti un vide dans la chambre d'hôpital, et j'ai eu l'impression de voir son âme quitter son corps. Pourquoi ai-je eu ce sentiment étrange ? Je ne me l'explique pas et, depuis, je m'interroge sans répit.

Jusqu'à ce jour, l'âme n'avait jamais été un sujet de réflexion pour moi. Pour maman non plus. Rares sont d'ailleurs les conversations où l'on se penche sur cette question. Et pour commencer, qu'est-ce que l'âme ?

Psyché en grec ancien, *anima* en latin, pour « souffle » et « vie »…

Socrate et ses disciples, Platon et Xénophon, considèrent que le corps est éphémère, tandis que l'âme et le monde des idées sont éternels. Autrement dit, le corps est corruptible et mortel, donc inférieur à l'âme immortelle. « Le corps est le tombeau de l'âme », professe Platon dans le *Cratyle.* Comprenons que le corps soumis aux plaisirs, désirs et passions, détourne l'âme du savoir et l'empêche d'atteindre les idées qui mènent au Bien, ultime quête du philosophe. Pour Platon, l'âme est définitivement prisonnière du corps, et le seul moyen pour elle de s'en détacher est la philosophie. Il ne faut « s'occuper de rien d'autre que mourir et d'être mort[1] ». Tout un programme !

C'est encore Platon qui raconte dans le *Phédon* la mort de Socrate, en 399 av. J.-C. Le philosophe est accusé d'impiété et de corruption de la jeunesse. La cité d'Athènes le condamne à boire la ciguë, et Platon s'étonne que le philosophe accueille avec joie cette condamnation à mort. Il décrit un homme « plein de confiance et d'espoir » dans cette épreuve qui va le mener à l'immortalité. « D'un trait, le plus facilement et le plus tranquillement du monde, il a vidé la coupe. » Alors que ses disciples pleurent, Socrate décrète que « c'est dans un silence de bon augure qu'il faut mourir ». La mort n'est que le couronnement d'une vie d'efforts, qui aboutit à la séparation de l'âme d'avec le corps, sa prison. C'est pourquoi Socrate est serein, car il a la

1. *Phédon.*

certitude d'accéder à un monde « idéal ». En relisant le *Phédon*, je me dis que l'âme de maman, emprisonnée dans ce corps torturé par la maladie, a peut-être elle aussi préféré se détacher au plus vite et rejoindre un autre monde. Maman platonicienne sans le savoir – je ne sais pas pourquoi, mais cette idée m'apaise…

Je poursuis mes lectures. Où vont les âmes ? Au ciel ? Au sommet du mont Olympe, aux côtés des dieux ? Bien au contraire, la mythologie raconte que l'âme gagne le royaume des morts, établi sous terre et veillé par le dieu Hadès. Lui et Cerbère, le chien à trois têtes, empêchent les morts de retourner chez les vivants. « Les ombres errent dans une prairie d'asphodèles, quelque part sous terre, et y goûtent un morne repos. » Cette vision de l'outre-tombe fait froid dans le dos ! Nous sommes loin du « royaume des cieux » et du paradis qui va s'imposer avec le christianisme. Pour Platon, seules les âmes vertueuses qui maîtrisent les pulsions du corps pour « avancer vers les sommets escarpés » des idées et du Bien accèdent à l'immortalité. Pour certaines âmes appartenant à l'élite, la lumière ; pour les autres, les ténèbres.

Au fil des semaines, une boulimie de lecture me saisit, et j'exhume de ma bibliothèque les livres de philosophie qui attendaient là depuis des années. De la fenêtre de mon appartement, j'aperçois la statue de Montaigne. Lui aussi a pensé la mort. L'un des chapitres des *Essais* s'intitule d'ailleurs : « Que philosopher c'est apprendre à mourir » et fait écho aux pensées sur la fin de Socrate.

Mais Montaigne ne cherche pas à atteindre « un monde idéal », car c'est un chrétien du XVIe siècle qui croit au jugement dernier et à la résurrection des corps.

« Il est incertain où la mort nous attende, attendons-la partout », écrit Montaigne, pour qui « devenir un vrai philosophe », c'est apprendre à mourir.

Certes. Mais Montaigne ne répond pas plus à mes questions sur l'âme : mortelle ? immortelle ?

À chaque époque sa réponse. Hommes de science et hommes d'Église, tous ont voulu découvrir le siège de l'âme. À la Renaissance, la plupart des physiologistes pensent qu'elle se loge dans le cerveau, « que les nerfs y prennent origine, et qu'un esprit vital circule dans les artères ». Au XVIIe siècle, on continue à disséquer cerveaux humains et animaux, et un homme se dit convaincu d'avoir trouvé le siège de l'âme : Descartes, passionné d'anatomie. Selon lui, elle se cache à l'intérieur de la « glande pinéale ». Et s'il considère que le corps humain est mortel, l'âme est immortelle par nature : « mon âme, par laquelle je suis ce que je suis, est entièrement et véritablement distincte de mon corps, et [...] elle peut exister sans lui. »

En 1700, l'Académie royale des sciences déclare pourtant ne pas pouvoir statuer sur la question : « De toutes les parties du corps, celle qui a le plus de rapport à l'âme est la plus inconnue[1]. »

Au XVIIIe, siècle de la naissance du matérialisme moderne, Diderot réfute l'idée de l'immortalité de l'âme.

---

1. *Histoire de l'Académie royale des sciences*, tome XIX.

Selon lui, elle ne peut demeurer après la décomposition du corps. Dans l'*Encyclopédie* qu'il dirige avec d'Alembert, l'article sur le mot « Âme » se retrouve dans la rubrique « Entendement, raison, philosophie ou science des esprits, de Dieu, des anges, de l'âme », avec cette définition : « On entend par âme un principe doué de connaissance et de sentiment. » Diderot se veut aussi précis que possible dans sa vision : « Nous ne connaissons pas la manière dont l'âme agit sur des organes matériels, mais, dans ces organes eux-mêmes, nous ne pouvons apercevoir aucune disposition qui détermine l'un plutôt que l'autre à être le siège de l'âme. »

Voilà qui est dit, mais qui ne m'éclaire pas plus. Non pas que je cherche comme aux siècles de Descartes et de Diderot à déterminer un « siège de l'âme » qui prouverait son existence physique. Ceci m'importe bien peu. Savoir si la mort n'est pas la fin de tout, voilà ma quête, aiguë, urgente et je le dois à maman. J'ai aussi l'impression qu'elle m'aiguille dans mes recherches...

Hugo hanté par la mort et les morts

C'est Victor Hugo qui m'apporte une première réponse. Abattu au point de ne plus écrire pendant plusieurs années après la disparition de sa fille chérie Léopoldine, il perd successivement son épouse, sa belle-fille, ses deux fils et enfin sa maîtresse, Juliette Drouet. Tous le quittent alors qu'ils sont plus jeunes que lui, et il veut comprendre... Dans *Jet de pierres*[1], son carnet

1. Ou *Post-scriptum de ma vie.*

de notes publié à titre posthume en 1901, Hugo écrit : « [La mort] n'est que la fin d'une chose et le commencement d'une autre. À la mort, l'homme finit, l'âme commence. »

En exil sur l'île de Jersey, Hugo se laisse tenter par le spiritisme et, lors d'une séance, le dimanche 11 septembre 1853, il pense entrer en contact avec l'âme de Léopoldine, morte noyée dans la Seine dix ans auparavant.

> « Où es-tu ? demande Hugo à sa fille.
> – Dans la lumière », lui aurait répondu Léopoldine.

De ces séances spirites restera un ouvrage, *Le Livre des tables*. Loin, très loin de moi pourtant l'idée de devenir une adepte du spiritisme comme il l'a été !

Si Hugo ne s'est jamais remis de la mort de Léopoldine, il a aussi été terrassé par le décès de la jeune fiancée de son deuxième fils François-Victor, Emily de Putron. La tuberculose a écourté la vie de cette brillante traductrice de Shakespeare à trente et un ans. Le discours que Hugo prononce sur sa tombe, le 19 janvier 1865, au cimetière des Indépendants de Guernesey, est lumineux. Je le rejoins dans la moindre phrase, le moindre de ses mots.

> « Le prodige de ce grand départ céleste qu'on appelle la mort, c'est que ceux qui partent ne s'éloignent point. Ils sont dans un monde de clarté, mais ils assistent, témoins attendris, à notre monde de ténèbres. Ils sont en haut et tout près. Oh ! Qui que vous soyez, qui avez vu s'évanouir dans la tombe

> un être cher, ne vous croyez pas quitté par lui. Il est toujours là. Il est à côté de vous plus que jamais. La beauté de la mort, c'est la présence. Présence inexprimable des âmes aimées, souriant à nos yeux en larmes. L'être pleuré est disparu, non parti. Nous n'apercevons plus son doux visage ; nous nous sentons sous ses ailes. Les morts sont les invisibles, mais ils ne sont pas les absents. »

Il reprend ainsi les mots de saint Augustin – « Les morts sont les invisibles, ils ne sont pas les absents » – et je partage sa vision et la dédie à maman lorsqu'il se figure sa propre mort :

> « Je suis une âme. Je sens bien que ce que je rendrai à la tombe, ce n'est pas moi. Ce qui est moi ira ailleurs. Terre, tu n'es pas mon abîme[1]. »

1. Victor Hugo, *Post-scriptum de ma vie*, 1901.

5

> « Redonne la clarté
> À mes ténèbres
> Remets en liberté
> Mes jours funèbres. »
>
> Pierre de Ronsard, « À Cupidon »,
> *Les Odes*, 1550-1552

Novembre 2013

Les jours raccourcissent, et je déteste la noirceur de ce mois. J'ai l'âme mélancolique. Dix mois que maman nous a quittés.

Cette nuit, j'ai rêvé d'elle et de coccinelles, et je me suis souvenue, au réveil, qu'enfant, elles faisaient partie de notre petit monde. Dès qu'une coccinelle venait nous rendre visite, maman m'appelait.

J'ai toujours adoré compter le nombre de points noirs sur leurs élytres pour deviner leur âge. Deux points, deux ans ; trois points, trois ans… et ainsi de suite. Un petit moment de gaieté que nous partagions, même si je sais aujourd'hui que le nombre de points noirs renseigne sur l'espèce à laquelle la coccinelle appartient, et non sur son âge.

Combien de fois aussi ai-je entendu ma mère me mettre en garde : « Surtout, ne jamais tuer une coccinelle ! C'est la bête à bon Dieu… » Sans toutefois me donner d'explications. Alors, en bon petit soldat, je gardais toujours un œil sur mon chat Pitouf, que j'imaginais en panthère noire au coup de patte fatal.

Dans quelques jours, nous serons en décembre. Tant mieux, ce mois est si gai ! Et puis il s'ouvre avec ma fête, la Sainte-Florence, le 1er décembre. Maman n'a jamais oublié de me la souhaiter. Depuis l'enfance, Noël est une joie. La maison prend une allure d'hiver – oranges piquées de clous de girofle, guirlandes de pommes de pin, roses de Noël en bouquets, flocons de neige et montagnes peintes au blanc de Meudon sur les vitres… Et enfin le sapin. Ma fille se réjouit aussi.

Mardi 17 décembre 2013

J'ai retrouvé Lou à la sortie du collège, nous nous pressons de rentrer. Le vent est glacial, l'hiver se fait sentir, et l'appartement est déjà plongé dans l'obscurité. Bizarrement, nous ne nous dirigeons pas vers la salle de bains comme nous en avons l'habitude, mais allons directement dans la cuisine pour nous laver les mains. J'ouvre le robinet d'eau et, au moment où je saisis le savon, mon regard est attiré par une petite boule rouge qui avance vers moi sur le plan de travail de marbre noir.

« Lou, est-ce encore une… ?

– Oui, de nouveau une coccinelle ! Un, deux, trois, quatre, cinq, six, sept. Elle a sept points noirs, ça lui fait sept ans !

– C'est complètement fou. Mais d'où peut-elle venir ? »

Une fois encore, je me précipite sur mon téléphone portable pour la prendre en photo et immortaliser son apparition.

« Surtout, ne la quitte pas des yeux ! Je vais voir si une fenêtre est restée ouverte…

– Alors, maman ? »

Non, toutes les fenêtres sont fermées, et il n'y a aujourd'hui aucune fleur dans la maison. Juste quelques pommes et des noix dans une corbeille.

« C'est peut-être un signe que Mémie nous fait pour Noël, tu ne crois pas, maman ?

– Un cadeau de ta grand-mère. Bien sûr, tu as raison ! »

Nous gardons les yeux rivés sur cette coccinelle si séduisante dans sa robe rouge vermillon qui claque sur le marbre noir. Une petite merveille.

J'envoie *illico* la photo à l'une de mes amies, Hélène, avec ce message : « Nouveau signe de maman, nouvelle coccinelle ! » Je suis si heureuse que j'ai envie de partager ma joie.

Le téléphone sonne. C'est elle. Je suis impatiente d'entendre sa réaction.

« Mais elle est en plastique, ta coccinelle, Florence. Tu sais quoi ? Faut que tu arrêtes de fumer la moquette ! »

Ses mots se brisent dans un éclat de rire. Sa moquerie me glace, et je préfère couper court à la conversation. Je raccroche.

La coccinelle est toujours dans la cuisine, je l'aperçois voler.

« Merci, maman ! » dis-je à haute voix.

Mon mari rentre et semble pressé de la voir. Lui aussi se demande comment on peut trouver une coccinelle dans sa cuisine en plein mois de décembre. Le dîner tourne autour du petit coléoptère qui ne nous quitte pas, faisant des allers-retours entre la cuisine et le salon, le salon et la salle à manger.

Le lendemain, elle a disparu.

Depuis, je ne cesse de penser à cette coccinelle, à *ces* coccinelles, qui ont fait irruption dans ma vie depuis le départ de maman. La première à l'église, en Lorraine ; la deuxième à la maison de Kourtzerode ; et maintenant cette troisième, à Paris, en plein hiver. Mes sœurs aussi commencent à être intriguées. Comment ne pas s'interroger ? Ces coccinelles sont-elles le fruit du hasard ? Un concours de circonstances ? Un esprit cartésien ne répondrait pas autre chose : « Bien sûr que c'est le hasard ! Comment imaginer qu'un défunt puisse envoyer des signes, et à plus forte raison des coccinelles ? » Évidemment. Cela semble tellement improbable et loufoque…

J'habite le même appartement à Paris depuis près de dix ans, et j'avoue y avoir rarement vu des coccinelles. Quelques-unes l'été, sur mon balcon ; mais de là à en croiser une en plein hiver… Je n'en ai pas plus le souvenir dans notre maison en Lorraine et suis de plus en plus troublée par ces apparitions. La dernière fois, dans la maison de Kourtzerode, c'est un petit choc contre la vitre qui a éveillé notre attention, et cette fois c'est notre regard qui a été littéralement happé par la couleur rouge sur un fond noir. J'en conclus que, dans les deux cas, il nous était impossible de ne pas voir les coccinelles.

Lorsque maman veut signaler sa présence, peut-être s'arrange-t-elle pour nous envoyer un message sonore ou visuel…

Nouvelle joie

Victor Hugo n'est jamais très loin de moi. Ou moi pas très loin de lui…

Je marche dans la rue et, dans la vitrine d'une librairie ancienne, la couverture d'un livre épais se détache. Le titre me saute aux yeux : *Les Contemplations.* J'entre et demande au libraire de me montrer l'ouvrage. Il s'agit d'une réédition de la fin du XIXe siècle.

« Plus de dix mille vers dans ce recueil… Quel génie, cet homme ! » me lance le libraire.

Je me jette sur la préface. Victor Hugo écrit : « Qu'est-ce que les *Contemplations* ? C'est ce qu'on pourrait appeler, si le mot n'avait quelque prétention, les *Mémoires d'une âme.* »

L'âme, encore et toujours…

Je parcours l'ouvrage, et voilà que je découvre à la page 47 ce poème de jeunesse intitulé « La coccinelle ». Je souris et pense à Paul Éluard : « Il n'y a pas de hasard, il n'y a que des rendez-vous. » Je savoure le bonheur de lire ces vers inconnus il y a quelques instants encore.

> « Elle me dit : “Quelque chose
> Me tourmente.” Et j'aperçus
> Son cou de neige, et, dessus,
> Un petit insecte rose.
> J'aurais dû – mais, sage ou fou,
> À seize ans, on est farouche –
> Voir le baiser sur sa bouche
> Plus que l'insecte à son cou.
> On eût dit un coquillage ;
> Dos rose et taché de noir.

Les fauvettes pour nous voir
Se penchaient dans le feuillage.
Sa bouche fraîche était là ;
Je me courbai sur la belle,
Et je pris la coccinelle ;
Mais le baiser s'envola.
“Fils, apprends comme on me nomme,
Dit l'insecte du ciel bleu,
Les bêtes sont au bon Dieu,
Mais la bêtise est à l'homme.” »

Je ressors de la librairie en serrant contre moi *Les Contemplations*, avec le sentiment d'avoir reçu un nouveau message signé Victor Hugo. Après toutes ces interrogations sur les signes du destin, les deux derniers vers me réjouissent.

« Les bêtes sont au bon Dieu, mais la bêtise est à l'homme. »

6

> « Je rêve si longtemps de bleu,
> Moi, la petite coccinelle,
> Que je deviens bête à bon Dieu »
>
> Maurice Carême, *Pigeon vole*, 1958

Coccinella septempunctata

Journaliste je suis, journaliste je resterai : je veux en savoir plus sur ce drôle de coléoptère que des générations de Français ont appelé la bête à bon Dieu. Entre Wikipédia, les bouquinistes et la Bibliothèque de France, j'ai de quoi faire… En commençant par les légendes et les comptines.

> « Coccinelle, demoiselle,
> Bête à bon Dieu !
> Coccinelle, demoiselle
> Vole jusqu'aux cieux !
> Petits points blancs, elle attend.
> Petits points rouges, elle bouge.
> Petits points noirs…
> Coccinelle au revoir ! »

Cette comptine, des générations d'enfants l'ont chantée, et moi aussi. Mais impossible de me souvenir quand maman me l'a apprise. Elle a été écrite en l'honneur d'une coccinelle bien particulière, celle qui porte une robe rouge écarlate à sept points noirs, la *Coccinella septempunctata.* C'est elle qu'on nomme la bête à bon Dieu, et pas les milliers d'autres espèces de coccinelles, auxquelles on donne à tort ce nom, dont la coccinelle asiatique, espèce invasive et cannibale menaçant notre pauvre coccinelle à sept points.

Le nom *Coccinella* semble latin, mais sa racine étymologique est plus ancienne : *Coccinella* vient de *coccinus,* qui veut dire « écarlate » ou « rouge carmin », nom lui-même emprunté au grec *kokkos.* Ce mot désignait des insectes ayant une apparence ou une couleur écarlate, telles les cochenilles utilisées pour la teinture des tissus dans les ateliers de la Grèce antique – et avant, dans ceux des Phéniciens.

Il faut attendre le XVIIIe siècle pour que la *Coccinella* devienne un objet d'étude scientifique, grâce au naturaliste suédois Carl von Linné, un brillant représentant du siècle des Lumières, contemporain de Buffon et inventeur de la nomenclature binominale pour chaque espèce végétale ou animale. Il décrit la *Coccinella septempunctata* et fixe pour toujours ses caractéristiques dans *Systema Naturae,* dont la première édition remonte à 1735. Encore vingt ans, et le mot coccinelle gagne ses lettres de noblesse avec une francisation officielle que l'on doit à François-Alexandre Aubert de La Chesnaye des Bois dans son *Système naturel du règne animal.*

Depuis, la littérature scientifique n'a cessé de s'enrichir de nouvelles espèces de coccinelles, car, rien qu'en France, on en recense plus d'une centaine, et plus de trois mille sur la planète : des jaunes à points noirs, des rouges à points blancs, des noires à points jaunes, des noires à points rouges, des rouges à points noirs, des brunes à taches brunes…

Mais *Coccinella septempunctata* reste la plus connue d'entre toutes, et c'est une vraie citoyenne du monde : on la retrouve aussi bien en Europe qu'en Afrique du Nord, au Moyen-Orient, en Inde, en Chine et même au Japon. Elle se plaît en bord de mer comme au sommet des montagnes, dans les forêts tropicales et dans les oasis des déserts. Elle peut vivre jusqu'à un an et parfois plus, ce que, enfant, j'ignorais.

Autre ignorance coupable : je ne savais pas que ce minuscule insecte dévorait cent vingt pucerons par jour à l'état de larve, et plus de soixante à l'âge adulte – ce qui en fait l'allié naturel de tous les paysans d'hier et jardiniers d'aujourd'hui !

Légende royale

Reste à découvrir pourquoi ce petit insecte de moins d'un centimètre est devenu la « bête à bon Dieu », un nom bien lourd à porter. Il faut remonter au Xe siècle et aux premiers rois capétiens pour trouver l'origine de la légende. La scène se déroule dans le Paris médiéval, où un artisan est retrouvé assassiné. On accuse son apprenti, et le voici condamné à mort, alors même qu'il clame son innocence. Sur l'échafaud, lorsque le bourreau s'apprête à lui trancher la tête, une coccinelle vient se poser sur le cou du jeune garçon. Le bourreau enlève délicatement l'insecte, mais celui-ci revient, et ce à maintes reprises, l'empêchant de faire son œuvre. Ainsi s'écrit la légende : elle montre le roi Robert II dit « le Pieux » – qui assiste à cette exécution – décréter qu'il voit la main de Dieu dans la présence de cette coccinelle. Il décide alors d'épargner la vie de l'apprenti, et l'assassin est démasqué quelques jours plus tard.

Une autre chronique donne une version différente : ce serait le condamné lui-même qui aurait retiré la coccinelle de son cou, et le roi, ému par ce geste, aurait décidé de l'innocenter. Dans les deux cas, le peuple de Paris rend hommage au sens de la justice du roi, parle de « miracle » et commence à vénérer la « beste à bon Dieu », manifestation de la présence divine.

Tout ceci n'est bien sûr que légende, et l'historien Marc Bloch, dans *Les Rois thaumaturges*, a bien montré comment la monarchie capétienne naissante – Robert II était le fils d'Hugues Capet – se devait d'attribuer des pouvoirs extraordinaires aux rois : pouvoir de guérison, mais aussi relation directe avec Dieu selon le principe de la « monarchie de droit divin ».

Ainsi fut scellé le sort de la coccinelle, désormais parée pour les siècles à venir d'attributs religieux, et devenue symbole de protection. La *Coccinella septempunctata* peut donc dire merci à Robert le Pieux et à la monarchie française. Mais, depuis, légendes et histoires pieuses ont fleuri.

D'abord, il a été mentionné que les coccinelles préféraient hiberner sur les calvaires au bord des routes, ou au pied des croix de granit en altitude. Pour beaucoup, cela ne relevait pas du hasard mais prouvait leur proximité avec Dieu.

Au XIXe siècle, l'entomologiste Jean-Henri Fabre, considéré comme un précurseur de l'éthologie et connu mondialement pour ses *Souvenirs entomologiques*, fait part, non sans poésie, d'une étonnante observation :

« En octobre, j'ai trouvé la chapelle du sommet du mont Ventoux couverte de coccinelles à sept points, la "beste à bon Dieu" du langage populaire. Ces insectes, appliqués sur la pierre tant des parois que de la toiture en dalle, étaient si serrés l'un contre l'autre que le grossier édifice prenait, à quelques pas, l'aspect d'un ouvrage en globules de corail. Je n'oserais évaluer les myriades de coccinelles qui se trouvaient là en assemblée générale. »

Partout en France, des légendes régionales voient le jour. Selon Philippe Huet, auteur de *La Véritable Histoire de la bête à bon Dieu*, si l'on en écrase une en Basse-Bretagne, on s'expose à mourir le lendemain ! En Charente, si un berger marche sur une coccinelle, il voit périr son plus beau mouton. En Lorraine, si l'on en observe près des ceps, le vin sera bon. Et, dans la Creuse, on met des coccinelles autour du cou des enfants en guise d'amulettes pour les protéger des maladies…

Mais l'histoire que je préfère est celle-ci : dans la Beauce, lorsqu'une coccinelle se pose sur la main, on recommande de la laisser marcher jusqu'au bout de son doigt, puis de dresser celui-ci vers le ciel et de souffler dessus pour que le petit insecte s'envole. Une fois arrivée au ciel, la coccinelle devient un ange et réserve une place au paradis pour celui ou celle qui l'a aidée.

Culte marial

D'une région à l'autre, la bête à bon Dieu prend des noms différents et, comme on la pense messagère de Dieu, on l'interroge à tout-va – sur l'amour, le mariage, l'argent, la météo. Surtout, on lui adresse des suppliques. Et c'est de loin l'insecte qui a le plus de noms, preuve de sa popularité.

En Bretagne, on parle de « vache de Dieu ». Dans la Manche, on l'appelle « barbelote », et elle devient « cacarinette » en Provence, « couturière » dans l'Yonne, « poulette de Dieu » dans le Finistère, « manivole » dans le Berry, « caquelinette » dans la Marne, *liewer hergott's vegele,* petit oiseau du bon Dieu en Alsace…

La liste est longue, mais ma curiosité s'arrête sur ces deux surnoms : « cheval de la Vierge » et « bête à la Vierge ». Comment est-on passé de la bête à bon Dieu à celle de la Vierge Marie ? Je finis par apprendre sur Internet qu'une légende – encore une – relate qu'au Moyen Âge des paysans, désespérés parce que leurs récoltes avaient été dévastées par les pucerons, se mirent à prier la Sainte Vierge. Des nuées de coccinelles apparurent alors, dévorèrent les pucerons et sauvèrent les moissons. Reconnaissants, les paysans déclarèrent ces insectes intouchables et les surnommèrent « bêtes à la Vierge » en souvenir de leurs prières.

Il n'y a pas qu'en France qu'on associe la coccinelle à sept points à la Vierge Marie. En Italie aussi, on l'appelle la *ragazza di Madonna* ; en Grande-Bretagne et aux États-Unis, *ladybug* ou *ladybird,* l'oiseau de Notre-

Dame ; en Espagne, *mariquita* ; en Allemagne, *marienkaefer*, c'est-à-dire le « scarabée de Marie » ; et, au Danemark, *marihöne*. Le lien avec le culte marial et la pureté pourrait également être dû à la date de migration des coccinelles, qui commence vers le 15 août, date de la fête de l'Assomption de la Vierge Marie dans toute la chrétienté. Enfin, les sept points noirs du coléoptère feraient référence aux sept vertus de la Vierge : « Devenir humble comme Marie. Aimer Dieu et son prochain comme Marie. Croire comme Marie. Espérer comme Marie. Chasteté de Marie. Pauvreté de Marie. Obéissance et patience de Marie. »

Toutes les religions semblent vouloir célébrer les coccinelles, même si aucune n'apparaît dans la Bible alors que des centaines d'animaux y figurent. En hébreu, *parat Moshé Rabenou* signifie « la vache de Moïse notre maître » et, en terre yiddish, les enfants juifs comptent les points noirs et désignent la coccinelle comme le *Massiah Kaefer*, « l'insecte du Messie » : « Un, deux, cinq, sept. Dans sept ans viendra le messie. »

Dans l'Islam, *oum Soliman* se traduit par « la mère de Salomon », et rêver de coccinelle annonce bien-être, harmonie et bonheur. Mais on trouve aussi en arabe *khunfus assayidati* ou « le cafard de la dame ». En Inde, *indragopa* veut dire « le protégé d'Indra », dieu de la guerre, et, au Japon, *tentoomushi* signifie « la bestiole de la voie céleste ».

J'en ai fini avec ce tour de France et du monde de la *Coccinella septempunctata* et je n'en reviens pas de la vénération pour un si petit animal : certes, un insecte utile, mangeur de pucerons, mais cela va bien au-delà. La coccinelle est un symbole de bonheur, d'harmonie et, dans toutes les cultures, elle porte chance, car elle aide à exaucer les vœux.

Dire que des générations ont célébré les coccinelles et ont vécu en communion avec elles, et qu'aujourd'hui notre monde urbain les ignore ou les relègue à de vagues comptines pour enfants !

7

> « Il arrive que le malheur bouleverse un être, ouvre en lui des portes secrètes, l'illumine. »
>
> Jacques Chardonne, *L'Amour, c'est beaucoup plus que l'amour*, 1937

Un mauvais film ?

La fin de l'été 2014 approche. « On a rangé les vacances dans des valises en carton[1] », comme le chante Brigitte Bardot, et moi j'ai l'âme en peine : plus l'ombre d'une coccinelle depuis décembre dernier. Pourtant, juillet-août, c'est la belle saison pour les coccinelles... Le soleil est leur ami, les plantes sont généreuses, et la nourriture abondante. Si maman avait voulu me faire signe, elle n'aurait pas eu de mal à trouver une messagère.

Le doute finit par m'étreindre : et si ces coccinelles n'avaient aucun lien avec maman ? Si elles n'étaient que le fruit du hasard ? D'un pur hasard. Et si mes amis, du moins ceux qui pensent que je me suis fait un film, avaient raison ? Ai-je rêvé d'un autre monde, où maman serait toujours là et se manifesterait à volonté ?

L'euphorie retombe. De mois en mois, j'ai de plus en plus de mal à lui adresser cette supplique : « Maman,

1. Brigitte Bardot, « La Madrague », paroles de Jean-Max Rivière, 1963.

si seulement tu pouvais de nouveau me faire un signe, je serais si heureuse… »

Les coccinelles s'éloignent peu à peu de mes pensées, j'apprends à vivre sans. La légèreté, aussi, m'a quittée ; la mort nue et froide me renvoie des images sombres où toute lueur d'espoir s'est éteinte. Le monde rationnel me rappelle à l'ordre des choses : la vie, la vieillesse, la mort. Point final. Avec les coccinelles, je m'étais habituée aux sept petits points noirs, tels des points d'interrogation, et j'attendais la prochaine rencontre. C'était si réconfortant de croire que la mort n'est pas la fin de tout. À présent, la tristesse m'a envahie, et je m'en veux de m'être emballée si vite. Il me faut renoncer à cette idée d'une mère qui continue d'exister à mes côtés.

Bientôt deux ans que maman est partie.

Samedi 1er novembre 2014

J'allume mon téléphone portable. Un SMS de mon ami d'enfance Stéphane s'affiche sur l'écran.

« Florence, vers minuit hier soir, j'ai déposé une petite chose dans ta boîte aux lettres. Je l'ai trouvée en me promenant sur un sentier de Lorraine. »

Avec Stéphane, on a grandi ensemble. C'était le plus beau garçon du quartier, et maman a toujours été en admiration devant son côté angélique. Nos parents s'appréciaient.

Je descends *illico* à la boîte aux lettres, impatiente de découvrir la « petite chose ». Une enveloppe se détache des autres, avec deux mots écrits en lettres capitales : « UN SIGNE ? » Je découvre alors une chaînette en or ornée de quatre coccinelles. Je souris. Bien sûr, ces coccinelles ne sont pas réelles, mais elles me procurent tant de joie ! Pourquoi Stéphane – qui va rarement en Lorraine – trouve-t-il ce bracelet alors qu'il marche dans la forêt ?

Je me précipite sur mon téléphone pour le remercier et suis surprise d'entendre de sa bouche qu'il n'attribue pas au hasard cette trouvaille. Lui d'habitude si cartésien semble ébranlé.

« Ta mère veut sans doute que nous soyons toujours liés, et elle me demande de faire acte de transmission.

– Si tu savais comme ça me touche...

– Tu vois, c'est rien que du bonheur ! »

Stéphane emploie le mot « bonheur » comme si maman était toujours vivante et continuait de nous rendre heureux. Certes, son cadeau me comble, mais surtout il me donne de l'espoir. « Il faut croire, espérer et sourire[1] », disait Alain, le philosophe du bonheur. Et je lui donne tellement raison ! Même si la découverte du bracelet est l'œuvre du hasard, je me dis qu'il fait bien les choses, et j'ai envie de lui dire merci. Je l'imagine comme une entité qui a le pouvoir d'agir sur notre destinée, et c'est Einstein qui vient à mon secours : « Le hasard, c'est Dieu qui se promène incognito. » Mais aussi Georges Bernanos, pour qui

1. *Propos sur le bonheur*, 1925.

« ce que nous appelons hasard est peut-être la logique de Dieu[1] »…

Je profite d'un déjeuner avec le père Michel-Marie Zanotti-Sorkine pour l'interroger. Le prêtre chanteur est formel : Dieu m'a envoyé cette première coccinelle à l'église pour me signifier l'existence de maman « dans la vie éternelle », et il se sert de tout ce qui vole – « les papillons, les oiseaux ou encore les coccinelles » pour transmettre les messages de l'au-delà.

« Vous au moins avez de la chance, me dit-il.

– Comment ça, de la chance ?

– Certaines personnes attendent des années un signe de l'être disparu, et rien ne se produit.

– Et donc ?

– Cela veut dire que nous ne sommes pas tous aptes à recevoir les messages de Dieu.

– Pas tous aptes ? Et pour quelle raison ?

– C'est Dieu qui choisit. Donc je vous le répète : vous avez de la chance. Et puis la coccinelle, n'est-ce pas la bête à bon Dieu ? » conclut-il dans un éclat de rire.

Avril 2015

Les vacances de Pâques commencent, et toujours rien. Nous quittons Paris pour retrouver la maison de Kourtzerode. À peine arrivés, et déjà dans les champs pour cueillir des fleurs, celles que maman aimait tant. Nous irons déposer un bouquet sur sa tombe.

1. *Dialogues des Carmélites*, 1948.

Dans le jardin, les arbres fruitiers sont en fleurs, des tapis de primevères rose framboise et jaune soleil se dessinent, et il me tarde d'aller au cimetière. Envie d'être près de maman.

Nous y sommes. Le soleil éclaire le petit cimetière de Saint-Jean-Kourtzerode. Arthur Rimbaud s'invite.

« Le ciel est joli comme un ange,
L'azur et l'onde communient[1]. »

La tombe de maman est parsemée de feuilles et pétales fanés, comme nimbée de poussière grise, mais nous arrivons les bras chargés de fleurs des champs et de buis à planter. Avec mon mari et ma fille, nous nous mettons au travail et chacun manifeste de l'entrain.

Cela fait bientôt une heure que nous nous démenons. L'endroit est si paisible. Pourtant, le pré qui borde le cimetière fut un lieu de douleur en 1944. Maman m'a souvent rappelé que trois garçons d'à peine dix-sept ans avaient été fusillés par des SS à quelques jours de la retraite de l'armée allemande, et que plus rien n'avait ensuite poussé sur ce lopin. « La terre a une mémoire », avait-elle coutume de dire.

De retour chez nous, je me repose dans un fauteuil à bascule. Un rayon de soleil vient caresser mon visage et m'apporte un peu de chaleur, car les murs sont encore froids de l'hiver, et la maison n'a pas été aérée depuis

1. « Bannières de mai », *Derniers vers*, 1872.

des mois. Je demande à ma fille d'aller ouvrir les fenêtres du salon pour faire entrer le soleil. Lou se repose aussi sur un canapé, les yeux rivés sur son mobile, et réagit mollement.

« Attends, maman, attends ! »

Je réitère ma demande, et son inertie me pousse à agir. Au moment de saisir la poignée d'une des fenêtres, j'aperçois une, puis deux, puis trois coccinelles…

« Vous n'allez pas me croire !

– Qu'est-ce qui se passe ?

– Viens, au lieu d'être prostrée sur ton téléphone.

– Dis-moi pourquoi, alors… »

Sans même répondre à ma fille, je m'empare de mon portable et appuie sur la touche vidéo tout en commentant à haute voix :

« Et voici une coccinelle pour Lou, une deuxième pour B., et la troisième est pour moi ! Vous ne pensez pas que maman nous remercie d'avoir nettoyé sa tombe ? Quel bonheur de revoir des coccinelles ! Merci, merci, merci, maman ! »

En cette fin d'après-midi, le soleil est partout : dehors, au cimetière, dans la maison et dans mon cœur. Je sais à présent que maman est toujours avec nous.

Espérer toujours. Ne désespérer jamais.

8

« Ni le soleil ni la mort ne se peuvent regarder fixement. »

La Rochefoucauld, *Maximes*, 1664

Cousin Émile

Je me rends aujourd'hui compte à quel point il est difficile de parler non pas de la mort mais des morts. Et pourtant, pas un jour sans que les écrans de télé ou les réseaux sociaux ne nous exposent à des scènes de guerres, d'assassinats ou d'accidents. En revanche, voir un proche étendu sur un lit métallique dans une chambre mortuaire pétrifie, glace, épouvante. Et l'image poursuit parfois le vivant pendant des années.

Les défunts, on pense à eux au moment de la date anniversaire de leur naissance et de leur disparition, on se rappelle les bons ou les mauvais souvenirs lors d'un repas de famille, on fleurit leur tombe le 1er novembre, mais leur intrusion dans le monde réel, on n'en veut pas, on n'en veut plus.

« Les morts continuent de faire peur », écrivait Freud en 1923 dans *Totem et tabou*, et c'est encore plus vrai aujourd'hui, dans ce siècle qui veut évacuer par tous les moyens la mort.

« Pourquoi parler des morts, puisque nous, nous sommes vivants ? » avait coutume de plaisanter Émile, un cousin de maman dont j'entends encore le rire partir en cascade. Casquette à la Jean Gabin vissée sur la tête, cet entrepreneur charpentier et éleveur de chevaux, travailleur acharné, a savouré la vie avec délice et mis la mort entre parenthèses jusqu'à plus de quatre-vingt-dix ans. La réflexion d'Émile, derrière sa fausse innocence, pose la question de la place des défunts dans notre vie.

« C'est fini, il (ou elle) est parti(e) », entend-on. Mais est-ce une raison pour exclure celui qui est « parti » de notre monde ?

Je suis frappée de voir comment, sitôt l'enterrement passé, on s'empresse de vider les armoires et on se débarrasse des objets de la vie quotidienne. J'admets que l'on puisse réagir ainsi pour ne plus vivre dans l'ombre du défunt, mais c'est tout de même d'une extrême violence. C'est comme si, d'un coup, on faisait table rase d'une existence entière.

Imaginez-vous passer dans l'autre monde et devenir le spectateur de cette vie que l'on fait voler en éclats en à peine quelques heures. L'envie de hurler vous prendrait – hélas, juste l'envie – avec le sentiment de mourir une seconde fois. Je détesterais vivre pareille scène et, telle Samantha dans *Ma sorcière bien-aimée*, je remettrais *illico* à leur place les objets jetés par mes héritiers !

Le « travail de deuil » que théorise Freud enjoint à « renoncer aux liens un à un tissés avec le mort ».

Mais Freud n'est-il pas allé trop loin ? Le deuil comme processus de détachement : je suis d'accord. Mais, au XXIe siècle, on dirait que l'on éloigne nos morts toujours plus loin de nous. Oser en parler devient un tabou dans notre monde hyper technologique.

Et pourtant, « les morts désirent être souvenus », affirme Vinciane Despret. Cette éthologue et philosophe, professeure à l'université de Liège, aurait-elle raison contre Freud ? Publié en 2015, son livre s'intitule *Au bonheur des morts*, et je l'ai découvert par hasard. L'auteur y montre comment des proches maintiennent un lien avec celui qui les a quittés. « Certains vont porter les chaussures du disparu afin qu'il continue d'arpenter le monde ; l'un, par exemple, à chaque anniversaire de sa femme défunte, prépare son plat préféré, comme si elle était encore à la table familiale… »

Elle raconte aussi comment les défunts arrivent à s'immiscer dans la vie de ceux qui restent, et évoque de nombreuses séries américaines, telles que *Six Feet Under* ou *Cold Case*, qui se nourrissent de ces passerelles entre les morts et les vivants jusqu'à brouiller la frontière entre le monde visible et le monde invisible…

Je vois dans son livre une forme de résistance à l'impératif freudien de « faire son deuil » et à l'obligation qui nous serait faite de laisser les morts tranquilles. Vinciane Despret explique qu'au XXe siècle « les sciences humaines ont mené une véritable croisade pour la rationalisation de la société » – entendez par là que la modernité exclut toute pensée irrationnelle, ce que la philosophe traduit par : « On ne peut pas avoir l'électricité et les esprits dans la même pièce ! »

J'aime l'image. Mais comment une personne qui se rend au chevet d'un mourant dans une chambre d'hôpital – lumière blafarde, univers aseptisé, matériel médical omniprésent – peut-elle s'abandonner au rêve et au souvenir ? Comment lui donner la possibilité de dire à celui qui part : « Tu t'en vas, mais tu continueras à vivre en moi » ? Je n'accuse pas les hôpitaux de déshumanisation, mais ils participent à la rupture du lien entre les vivants et les morts.

Pour Vinciane Despret, « être oublié, c'est un peu mourir une deuxième fois… Le désir du mort d'être remémoré s'agence avec notre propre désir de se souvenir ». En lisant ces mots me reviennent à la mémoire les paroles, pas si lointaines, de mon oncle et parrain Paul, « Nounou Paul », comme je l'appelais depuis ma plus tendre enfance.

Nounou Paul

Août 2008, 18 h 30. Le soleil commence à décliner après une après-midi joyeuse, et nous sommes sur le point de nous quitter. Au moment de s'embrasser, mon parrain prend mon visage entre ses mains, et sa parole tombe comme un couperet.

« C'est peut-être la dernière fois qu'on se voit ; alors, surtout, ne m'oublie pas. Ne m'oubliez pas !

– Mais, Nounou Paul, pourquoi nous dis-tu ça ? Bien sûr qu'on va se revoir ! »

Sur l'instant, je ne prête pas attention à sa remarque. Je n'ai aucune raison de m'inquiéter puisqu'il n'est pas malade.

Juin 2009. Dix mois ont passé, et je retourne en Lorraine… pour son enterrement. À l'église, face au cercueil, ses mots du mois d'août s'entrechoquent dans ma tête et se mêlent aux larmes.

Janvier 2020. Il est dans mon cœur à jamais, et c'est toujours avec bonheur que je le fais revivre dès que j'en ai l'occasion. Chaque fois que j'entre dans une église, j'allume un cierge, histoire de lui dire : « Hey, Nounou Paul, tu vois, je ne t'oublie pas ! »

J'étais très attachée à mon parrain, peut-être parce qu'il était le petit frère de maman, et qu'elle l'adorait. Elle m'a souvent raconté qu'elle s'était échappée de l'école pour être la première des quatre sœurs à le découvrir dans son berceau de nouveau-né. Peut-être aussi parce que papa, fils unique venu d'Algérie, le considérait comme son petit frère.

Nounou Paul faisait son service militaire à Paris quand il a rencontré papa dans un bal du 14 Juillet, au tout début des années 1950. Ce soir-là, ils ont ri, beaucoup ri, et ils ne se sont plus quittés. Papa m'a toujours parlé de ses folles virées nocturnes dans Paris à vélo avec celui qui allait devenir son beau-frère, les brasseries alsaciennes de la rive droite, les bars de la rive gauche et… Le Caveau de la Huchette.

Un jour, Paul présente à mon père sa jolie sœur : maman. Cheveux blond vénitien, regard bleu acier, taille fine… La belle histoire commence et durera plus de soixante ans.

Comme il est loin le temps où l'on parlait du « culte des morts » ou du « culte du souvenir », dont le rite principal était la visite régulière au cimetière ! Dans *Mémoires de la vie littéraire*, Edmond de Goncourt, anéanti par la mort de son frère Jules, écrit le 2 novembre 1874 : « Au milieu de la matérialisation et de l'utilisation moderne, un seul sentiment immatériel et désintéressé subsiste en France : le culte des morts. Je ne crois pas qu'il y ait, à ce jour, dans les cimetières des autres pays de l'Europe, tant de robes noires, tant de couronnes, tant de fleurs. En sortant du cimetière, je me suis croisé à la porte avec Dubois de l'Estang qui, en me donnant la main, m'a dit : "Vous revenez de chez votre frère ?" Cette phrase, qui me faisait revenir d'auprès un mort comme de chez un vivant, m'a fait plaisir toute la journée. »

Charmant et touchant de la part du fondateur de l'Académie Goncourt, mais impensable aujourd'hui, les cimetières restant désespérément vides, sauf peut-être le jour de la Toussaint.

« Les morts gouvernent les vivants »

Au XIXe siècle, un homme a bien tenté de dédramatiser la mort et de nous réconcilier avec les morts, c'est Auguste Comte, le théoricien de la philosophie – et de la religion – positiviste. Et je crois bien que cousin Émile se serait étouffé de rire s'il avait su que, pendant les onze dernières années de sa vie, le philosophe avait poursuivi une relation avec une jeune morte de trente et un ans, Charlotte Clotilde Joséphine Marie de Ficquelmont, épouse de Vaux.

La belle Lorraine à la chevelure brune et aux yeux couleur émeraude avait fait chavirer son cœur par une après-midi de mai 1844. Hélas pour lui, Clotilde, écrivaine et poétesse, avait préféré s'en tenir à un lien d'amitié, ainsi qu'à des lettres et des rendez-vous réguliers. Atteinte de tuberculose, la jeune femme meurt dans les bras du philosophe un an à peine après leur rencontre. Il décide alors de lui écrire tous les jours et remplace sa seule sortie hebdomadaire – une soirée à l'opéra – par une visite au cimetière. Il va même jusqu'à déclarer qu'il est impatient de mourir pour s'unir dans la tombe avec Clotilde ! La famille refusera le caveau commun.

Comte considère que « nos morts sont affranchis des nécessités matérielles et vitales [...] mais ils ne cessent pas d'aimer, et même de penser, en nous et par nous[1] ». Et l'austère professeur à Polytechnique de proclamer : « Les morts gouvernent les vivants ! »

Clotilde va d'ailleurs continuer d'exercer une influence sur son œuvre et lui inspirer la *Religion de l'Humanité*. Un monument édifié en 1902 place de la Sorbonne va finalement les réunir et, toutes les fois que j'y passe, je ne peux m'empêcher de sourire en apercevant le buste du philosophe et de son égérie en Madone à l'enfant. Sur le mémorial, les plus célèbres devises positivistes : « Vivre pour autrui », « Ordre et progrès », « Famille, patrie et humanité ».

---

1. *Catéchisme positiviste*, 1852.

Sacré Auguste Comte ! Et comme Victor Hugo, le philosophe s'adonnait à des séances de spiritisme. Dans son hôtel particulier devenu musée, au 10, rue Monsieur-le-Prince à Paris, le guéridon qui trône au milieu du salon en témoigne. Ah, si seulement il pouvait parler !

À la différence du philosophe, je ne pense pas que « les morts gouvernent les vivants », mais je crois qu'ils peuvent inspirer et aider les vivants. Ils ne meurent vraiment que lorsqu'on ne pense plus à eux, et nous pouvons éviter de leur infliger cette « deuxième mort » provoquée par l'oubli et le déni. C'est le devoir des vivants que de se souvenir de ceux qui ne sont plus.

Aujourd'hui, j'ai le sentiment que l'obsolescence, comme pour les objets, a gagné les défunts, et c'est un drame pour des milliers de personnes qui se sentent emprisonnées dans leur solitude. L'obsolescence, pour les objets, c'est être périmé, ou devenir hors d'usage ; quand un appareil cesse de fonctionner, il est immédiatement jeté et finit dans une déchetterie. On ne cherche même plus à le réparer. Il en va un peu ainsi pour l'homme : il n'est plus, donc on le zappe comme on appuierait sur la touche « erase » de son ordinateur pour effacer un fichier.

Ce n'est plus de l'obsolescence commune, mais de l'obsolescence programmée, sauf que, cette fois, il ne s'agit pas d'une cafetière ou d'une machine à laver, mais de notre cerveau...

Se souvenir, entretenir la mémoire d'un défunt, serait-ce s'enfermer dans le passé et sombrer dans la tristesse ou la nostalgie ? Je pense tout le contraire. Je suis convaincue que les êtres aimés disparus libèrent de l'énergie et procurent de la force si l'on continue à les faire vivre intérieurement. Bien sûr, il est difficile d'imaginer qu'un défunt puisse être actif sur terre, lui qui appartient à un monde invisible. Et pourtant, chaque fois que maman m'envoie une coccinelle, je ressens une force inouïe et un apaisement bienfaisant. Cette protection me donne du courage pour surmonter les épreuves.

Aux esprits sceptiques et hermétiques, je dis : « Vous ne savez pas à côté de quoi vous passez. » Et si je crois que les âmes nous inspirent, c'est aussi parce que j'ai un amour immodéré de la vie. Je ne peux concevoir qu'avec la mort l'âme soit à jamais précipitée dans les ténèbres, et je pense bien au contraire qu'elle survit au-delà de l'existence sur terre.

Le nécrophone

C'est en préparant l'interview du chercheur Yves Citton pour son livre *Médiarchie* paru en 2017 que j'ai appris que Thomas Edison, l'inventeur du phonographe, du microphone, de la lampe à incandescence, de la pile alcaline mais aussi du kinétographe et du kinétoscope – lointains ancêtres du cinématographe des frères Lumière –, a consacré les dix dernières années de sa vie à la conception d'une machine, « le nécrophone » – dont le nom n'est d'ailleurs pas d'Edison –, permettant d'enregistrer les voix des défunts, et donc à ces derniers d'envoyer des messages aux vivants.

Voilà le scientifique le plus talentueux de sa génération, pionnier de l'électricité et de l'enregistrement du son, qui se révèle obsédé par la question de la survie de l'âme. Il veut coûte que coûte en offrir la preuve scientifique.

Il faut dire que ses parents, des spirites notoires, organisaient régulièrement des soirées avec un médium pour tenter d'entrer en contact avec les morts. Edison, lui, trouvait l'idée qu'un esprit puisse faire tourner une table ou renverser une chaise totalement farfelue. Il préconisait une démarche 100 % rationnelle : « Pour ma part, je voudrais fournir aux chercheurs spirites un appareil qui leur permettrait de travailler d'une manière strictement scientifique... Cet appareil est basé sur le principe de la valve. C'est-à-dire qu'il amplifie énormément toute force ou énergie, aussi minime qu'elle soit, par laquelle un esprit pourrait se manifester. »

On retrouve là le principe d'amplification dont il avait déjà doté les téléphones en perfectionnant l'invention de Graham Bell et en créant le premier micro de l'histoire.

C'est en 1920 qu'il ose exprimer pour la première fois devant les journalistes son idée : il a alors soixante-treize ans, et il est persuadé qu'il peut inventer une nouvelle machine capable de capter les signaux faibles.

« Tout comme un microphone amplifie plusieurs fois le volume et la portée de la voix humaine, ma valve amplifie énormément la force, de quelque nature qu'elle soit, qui s'exerce sur l'appareil de façon à permettre l'étude du phénomène qui a donné naissance à cette force. »

Toutefois, le « nécrophone » n'a jamais été retrouvé. Les journalistes de l'époque ont bien essayé d'en savoir plus, mais, très âgé, le savant s'en tenait à de vagues déclarations, qui seront plus tard rassemblées dans un chapitre intitulé « Le royaume de l'au-delà », au sein de ses *Mémoires posthumes*, publiés dix-sept ans après sa mort. Mais les éditions suivantes seront amputées du dernier chapitre sur le spiritisme. Sans doute la famille d'Edison a-t-elle voulu protéger son image et gommer tout ce qui pouvait l'assimiler à un illuminé…

Quelque temps après le décès de l'inventeur, sa veuve aurait raconté que son mari avait conclu un « pacte électrique » avec son collaborateur, William Walter Dinwiddie… Les deux complices s'étaient promis que le premier qui mourrait enverrait au second un signe depuis l'au-delà. Dinwiddie meurt en 1920, et Edison en 1931, et nul ne saura jamais si les deux hommes ont pu communiquer au moyen du nécrophone, ni même si la machine a vu le jour !

Il me semble cependant qu'un grand savant – et Thomas Edison est au niveau de Louis Pasteur et d'Albert Einstein – est légitime quand il s'interroge sur l'au-delà et s'explique : « Je n'accepte pas les théories actuelles sur la vie et la mort. Je crois – j'ignore bien entendu si j'ai raison ou tort – que la vie est, en réalité, indestructible, qu'il a toujours existé sur cette planète une quantité déterminée immuable de vie : c'est-à-dire une quantité qu'on ne peut ni augmenter ni diminuer. »

Les êtres humains sont, selon lui, composés de milliards « d'unités de vie […] trop petites pour être visibles même à l'aide du microscope le plus puissant… Et ces unités de vie qui ont formé un homme ne meurent jamais[1] ». Donc, « la vie ne cesse jamais d'exister » pour Edison.

Et cette vision m'enchante !

1. Thomas A. Edison, « Le Royaume de l'au-delà », *Mémoires posthumes*, 1948.

9

« Pourquoi y a-t-il quelque chose plutôt que rien ? »

Leibniz, *Principes de la nature et de la grâce*, 1714

Mardi 28 juin 2016

Bientôt les vacances, et je n'ai pas l'esprit tranquille. « Une certaine idée de la France », l'émission que j'anime chaque soir sur Radio Classique, risque de s'arrêter si je ne trouve pas un nouveau sponsor pour la rentrée de septembre. Drôle d'époque où le journaliste doit être en quête de financements pour payer son propre salaire…

Il est 19 heures, le ciel est bleu, un parfum d'été flotte sur Paris. Ma fille et sa meilleure amie, Constance, insistent pour que je les emmène à la fête foraine du jardin des Tuileries. J'accepte. L'élégance parisienne de ce jardin créé par Catherine de Médicis et redessiné par Le Nôtre m'a toujours charmée.

L'air est doux ce soir, et la nature, déjà si épanouie en cette fin juin, donne à Paris un air de campagne. Les filles vont d'attraction en attraction, rient, s'extasient ; je les regarde et envie leur insouciance. Après cette saison à Radio Classique où le rythme quotidien ne m'a guère laissé de répit, j'aimerais pouvoir souffler un peu. Mais non, il faut encore me battre. J'attends des réponses et, chaque jour, j'espère, je désespère, j'espère à nouveau…

Les filles finissent par avoir faim. Nous nous arrêtons dans une guinguette où l'ambiance est joyeuse. Au menu : frites et saucisses grillées !

Déjà 22 heures, le jardin se vide. Le temps de faire encore quelques attractions, et nous quitterons la fête. Le soleil s'est couché, les lumières multicolores des stands clignotent dans la nuit qui tombe. C'est alors qu'un forain me fait signe ; il veut nous offrir une partie de chamboule-tout et m'explique que c'est un jeu qui date du Moyen Âge. Je souris et fais signe aux filles de me rejoindre. Il s'agit de faire tomber une pyramide de boîtes de conserve, mais nous n'avons droit qu'à une balle chacune ! Ma fille commence et renverse quelques boîtes, puis vient mon tour. Je saisis la balle et, au moment où je m'apprête à la lancer, un insecte vient atterrir sur ma main.

« Tiens, Lou, une coccinelle ! Je crois que c'est ta grand-mère qui se manifeste ! » s'exclame Constance.

Je ne peux m'empêcher de rire devant une telle spontanéité, mais, intérieurement, je jubile. J'ai l'impression que cette coccinelle voulait coûte que coûte réussir son atterrissage sur ma main, ses petites ailes déployées se sont rabattues comme celles d'un oiseau qui se pose sur l'eau.

Pas le temps de réfléchir : mon téléphone sonne, et c'est Isabelle, la maman de Constance, qui s'inquiète de ne pas nous voir revenir, car demain il y a cours. Je laisse éclater ma joie, raconte ce qui vient de se produire à mon amie et lui fais part de la réaction de sa fille. Elle rit.

Je lui explique que je vois en cette coccinelle un nouveau signe de maman qui veut probablement me soutenir.

« Ah bon, c'est ce que tu crois ?

– Oui ! Tu sais, maman a toujours adoré mes interviews radio ; alors pas étonnant qu'elle s'active pour que mon émission se poursuive.

– Si tu en es persuadée, Florence, alors c'est magnifique. Et, surtout, continue d'y croire !

– Comment expliques-tu alors cette coccinelle, venue se poser sur ma main à la nuit tombée ?

– Franchement, je ne sais pas. Bon, tu ramènes nos filles, maintenant ? »

Qu'importe son scepticisme. Ce soir, j'ai de nouveau le cœur léger et vaillant. Il fait jour dans la nuit.

Septembre 2016

J'ai repris mon émission sur Radio Classique, avec un tout nouveau sponsor. Merci, maman ?

Je ne peux décidément m'empêcher de penser que, sans cette nouvelle coccinelle, je me serais peut-être découragée. Mais je m'interroge aussi sur ces sceptiques qui n'y voient qu'une succession de hasards.

Comment avoir raison contre tous ces gens qui mettent en doute ma parole ? Même ma sœur aînée a du mal à imaginer maman toujours présente à nos côtés. Et si quelquefois elle semble hésiter, elle finit toujours par dire : « Oui, mais comme je ne la vois plus, comment veux-tu que je lui parle ? Elle n'est plus là, un point c'est tout. »

Cela me rappelle une conversation avec Maryse, l'épouse de Georges Wolinski tué le 7 janvier 2015 à la rédaction de *Charlie Hebdo*. Elle m'avait accordé un entretien dans les jours suivant l'attentat du Bataclan (le 13 novembre 2015). Après l'émission, je lui avais demandé si elle sentait que son mari était toujours à ses côtés, et sa réponse avait fusé : « Un parfum, un dessin, un objet peuvent me le laisser croire, mais ce que je vois moi, chaque matin, c'est qu'il est parti, et qu'il ne reviendra pas. Il n'est plus là pour m'écrire des petits mots d'amour sur des post-it qu'il collait partout dans la maison – sur les portes, les miroirs… Voilà la réalité. »

Pour la réconforter, je lui avais suggéré d'être attentive aux signes, mais, dans son regard, j'avais aussitôt compris qu'il valait mieux couper court à la conversation. Si je m'étais risquée à lui parler de maman et des coccinelles, elle m'aurait prise pour une illuminée !

Autre déception : Bernard Pivot. Alors que j'étais venue l'interviewer à son domicile, nous avions poursuivi l'échange autour d'un café sitôt le micro éteint. Quand je lui avais fait part de mon intention d'écrire un livre, son œil s'était aussitôt allumé, sa curiosité s'était aiguisée. J'ai d'abord hésité à lui confier mon histoire, mais il a insisté. Tandis que je parlais, il avait un sourcil légèrement froncé et un petit sourire en coin ; j'ai vite compris qu'il ne me prenait pas au sérieux. Il ponctuait toutes ses phrases d'un laconique « Ah, bon ? Ah bon ? », sans m'interroger davantage. Un sceptique de plus sur mon chemin.

Je comprends que l'on puisse trouver loufoque ou délirante l'idée qu'un défunt envoie des signes. Néanmoins, je continue de me poser la question : pourquoi ai-je aperçu tant de coccinelles depuis la mort de maman ?

Je cherche une explication à ma quête, et c'est Luc Ferry, lors d'une conversation, qui me met sur la voie. Mon « pourquoi » lui rappelle le distique d'Angelus Silesius, un poète mystique allemand du XVIIe siècle :

> « La rose est sans pourquoi,
> elle fleurit parce qu'elle fleurit. »

Je suis curieuse de découvrir cet auteur au drôle de nom, docteur en philosophie et en médecine, protestant converti au catholicisme et ordonné prêtre en 1661. Je consulte son recueil de poésies et de maximes spirituelles publié en 1657 sous le titre *Le Pèlerin chérubinique*. Il est considéré comme un chef-d'œuvre de la littérature et de la philosophie allemandes. En France, Maurice Blanchot en a fait un auteur de référence.

Dans « La rose est sans pourquoi », Angelus Silesius laisse à penser qu'il y a une part d'obscur, d'invisible et de mystère dans le « sans pourquoi », et que la floraison de la rose est l'action d'une raison que l'on ignore. « Elle fleurit parce qu'elle fleurit. » Et même si Leibniz, disciple de Descartes, réplique en 1714 dans les *Principes de la nature et de la grâce* que « rien ne se fait sans raison », je me plais à transposer quatre siècles plus tard le distique :

> « La coccinelle est sans pourquoi,
> elle apparaît parce qu'elle apparaît. »

Voilà qui est dit ! Et cette maxime m'enthousiasme, sauf que… nous évoluons dans une société normée qui rejette le mystère et l'inconnu.

On veut voir clair et supprimer toute ombre parce que l'inexplicable génère de l'angoisse. Bien que ce ne soit pas mon auteur de prédilection, je ne suis pas loin de penser comme Nietzsche :

> « Le nouveau, l'imprévu, l'étrange est exclu des causes possibles. On ne cherche donc pas seulement à trouver une explication à la cause, mais on choisit et on préfère une espèce particulière d'explications, celle qui éloigne le plus rapidement et le plus souvent le sentiment de l'étrange, du nouveau, de l'imprévu[1]. »

J'avoue : il y a quelques années, si quelqu'un m'avait parlé d'un défunt qui envoie des signes, je n'y aurais pas cru. Pire, j'aurais même été effrayée, moi qui ai eu peur des morts si longtemps. Alors pourquoi ai-je si radicalement changé ?

J'admets que l'on puisse douter de ces coccinelles qui surgissent de nulle part, mais pourquoi ne pas faire l'effort de se dire : et si un autre monde – fait de signes et de messages – était aussi possible ?

La difficulté, aujourd'hui, c'est que l'addiction aux écrans – télé, ordi, téléphone, tablette – détourne notre regard de ce qui nous entoure. Combien d'entre nous prennent encore le temps de se tourner vers le ciel et

1. *Le Crépuscule des idoles*, 1888.

de suivre un papillon des yeux ? Quand on pense que saint François d'Assise parlait aux oiseaux et que nous nous contentons de les regarder sur un écran…

Notre société hyper connectée éclipse toute poésie, elle réduit notre capacité à nous émouvoir et à nous émerveiller. Le rationnel rejette l'irrationnel, comme jadis « la mauvaise monnaie chassait la bonne » et, dès lors qu'on ne comprend pas ce qui arrive, on refuse d'y croire.

En ce début du XXIe siècle, le mot « croire » est d'ailleurs dévalué et n'a plus cours. Nous sommes pétris de certitudes, et la crainte du néant fait office de repoussoir. Alors, comment imaginer qu'une personne morte – membre du néant – puisse se manifester par des coccinelles, des papillons ou des hirondelles ? Ça n'arrive que dans les films ! Comme *La Dernière Folie de Claire Darling*, où un papillon sort de sa chrysalide le jour de la mort du fils de l'héroïne incarnée par Catherine Deneuve.

Hélas, nous ne prêtons plus attention à la nature et dédaignons les signes.

« On n'apprécie rien si on ne le contemple pas ; ce qui manque au monde, c'est la contemplation », conclut l'ami Angelus !

Paris, 13 octobre 2017

17 h 30, séance de travail à la maison.

Cela fait deux heures qu'avec Lucas nous épluchons la presse afin de trouver des invités pour mon émission de radio. Lucas, c'est un voisin d'immeuble. Il est étudiant et fait office d'assistant le temps d'un stage. Nous sommes tous les deux assis à un bureau face à de grandes fenêtres éclairées par le soleil couchant. Je sens que son attention se relâche, la mienne aussi. Mes pensées se perdent dans le ciel étonnamment bleu de ce début d'automne quand tout à coup Lucas me ramène au réel.

« Regarde, Florence ! Il y a une coccinelle dans l'appartement, et pourtant les fenêtres sont fermées… »

Je bondis de ma chaise pour aller voir la visiteuse du soir.

« J'en vois souvent, tu sais.

– Ah bon ? » me répond-il.

Il reçoit un appel sur son téléphone portable et, alors que sa conversation dure, j'aperçois une deuxième coccinelle et la lui montre du doigt. Ses yeux brillent, et il s'empresse de raccrocher.

« C'est complètement fou, ça ! J'habite cet immeuble depuis que je suis tout petit, et des coccinelles, j'en ai rarement observé. Quelle chance d'en voir deux d'un coup !

– C'est vrai ? C'est si rare que cela dans ce quartier ?

– Oui, je t'assure ! Et pourtant, je vais souvent prendre l'air sur le balcon. »

Il ouvre la porte-fenêtre pour vérifier s'il n'en aperçoit pas d'autres…

Nous nous remettons au travail pendant une bonne heure encore, et oublions presque les coccinelles. Il est 18 h 30 lorsque Lucas me quitte. Moi, je prépare mon interview du lendemain. Duchesse, celle que j'appelle ma

« panthère noire », saute sur le bureau et vient s'allonger sur mes notes. Alors que je la caresse, la voilà qui se redresse et fixe la fenêtre. Je n'en crois pas mes yeux : une troisième coccinelle !

J'envoie immédiatement un SMS à Lucas, qui s'en étonne encore.

Mais, pour la première fois, je me dis que ces coccinelles n'ont probablement pas de lien avec maman. Trois en quelques heures et sans raison, ce n'est pas crédible. Sont-elles venues parce que le soleil a brillé toute l'après-midi ? Ou bien est-ce encore ce fameux hasard qui me joue un tour ?

22 h 30, ma sœur aînée me téléphone.

« Flo, tu as oublié l'anniversaire de maman aujourd'hui ? Nous sommes le 13 octobre. Tu ne m'as même pas appelée…

– Oups, oui. J'avoue, j'ai complètement oublié ! Mais attends… Je comprends mieux maintenant !

– Tu comprends mieux quoi ?

– Eh bien, les coccinelles sur ma fenêtre cette après-midi alors que je travaillais ! C'était donc un signe de maman ! Et tu sais quoi ?

– Dis-moi.

– Elle nous en a envoyé trois. Une pour chacune. Pour que ses trois filles pensent à elle ! »

10

« Tout est signe. Mais il faut une lumière ou un cri éclatant pour percer notre myopie ou notre surdité. »

Michel Tournier,
Le Roi des Aulnes, 1970

Dimanche 30 septembre 2018

15 heures, le soleil brille sur Paris. Il fait 20 °C et, pourtant, nous sommes déjà en automne… Avec Catherine, une amie, nous partons chiner rue de Grenelle, où se tient un vide-grenier. Ma fille veut absolument que je lui rapporte un sweat-shirt « I love New York », idée fixe d'ado. Au bout d'une heure et demie, chance inespérée, mon amie repère la pièce rare sur un portant. En fait, il y en a deux, un blanc, l'autre noir. J'appelle aussitôt ma fille sur son portable.

« Tu as de la chance, je viens de dénicher deux sweats. Lequel veux-tu ? Le blanc ou le noir ?

– J'sais pas. Peut-être le noir…

– Tiens ? Sur le sweat blanc, il y a une coccinelle. C'est fou, ça !

– Alors prends celui avec la coccinelle, maman. »

Nous quittons le vide-grenier. Dans les bras, j'ai le sweat blanc, que je tiens délicatement par crainte d'écraser la coccinelle. Nous marchons d'un pas rapide, et je m'aperçois qu'elle ne bouge pas d'un millimètre.

« C'est bizarre, cette coccinelle qui ne s'envole pas. Tu ne trouves pas, Catherine ?

– Peut-être qu'elle dort. Dire que je ne l'avais même pas vue ! En revanche, toi, elle t'a sauté aux yeux.

– Cette coccinelle qui est inerte, j'ai l'impression que c'est un mauvais présage… »

À peine ai-je prononcé ces mots que la sonnerie de mon téléphone retentit. C'est l'auxiliaire de vie de ma belle-mère.

« Je viens de découvrir Mme P. inanimée. J'appelle les pompiers ?

– Elle ne réagit plus ?

– Non. J'ai beau lui parler, ses yeux sont fermés, et elle n'a pas l'air de m'entendre.

– Appelez les pompiers ! Et moi j'appelle son fils pour qu'il vienne au plus vite. »

Je regarde mon amie et lui dis instinctivement :

« Tu vois, Catherine, cette coccinelle qui ne bouge pas, c'est probablement un message de maman pour me dire que ma belle-mère va mourir…

– Mourir ? Mais comment peux-tu dire ça ? Et pourquoi serait-ce un message de ta mère ? Je ne comprends pas.

– Je te raconterai. C'est une longue histoire. »

Quand j'arrive à la maison, mon mari est déjà parti. Je tremble et éclate en sanglots. Ma fille se précipite dans mes bras.

« Papa m'a dit pour Lily Dodo, mais ne t'inquiète pas, elle va s'en sortir. Tu sais bien qu'elle est costaude.

– Regarde la coccinelle sur le sweat que je t'ai rapporté : elle n'a pas bougé de tout le trajet.

– Mais maman, c'est normal. Elle est morte, ta coccinelle ! Elle a un trou dans le ventre ! »

Nous retirons délicatement l'insecte mort du sweat et le posons sur une feuille de papier blanc, pour mieux l'observer. Et je remarque en effet un petit trou dans le corps de l'insecte.

« Tu vois, c'est probablement Mémie qui a mis cette coccinelle sur mon chemin pour me prévenir que Lily Dodo était au plus mal. Mais surtout, ne dis rien à papa. »

Nous sommes en larmes dans les bras l'une de l'autre. Je précise à ma fille que je tiens à conserver ce petit cadavre rouge et noir. Nous le mettons dans une boîte que nous cachons dans un meuble.

Le téléphone sonne. C'est mon mari. Le SAMU vient d'arriver, les nouvelles sont alarmantes. Je pars immédiatement le rejoindre.

Il est 19 heures. À peine ai-je franchi la porte du hall de l'immeuble de ma belle-mère que je l'aperçois sur une civière dans un tourbillon de blouses blanches. Elle est sur le point d'être embarquée par le SAMU ; je me presse pour lui dire que nous sommes là, son fils et moi, mais rien, aucune réaction. J'ignore si elle m'entend. Elle porte un masque à oxygène, sa tête bringuebale, ses yeux sont clos. Sa pâleur me frappe. Je tente de toucher sa main qui me frôle, mais elle est reliée à un goutte-àgoutte. Le médecin nous dit qu'elle est probablement dans le coma.

Le cœur serré, je la regarde s'en aller. Je la trouve si jolie avec ses cheveux bien coupés, malgré son air perdu. Quelques jours plus tôt, elle avait fait venir une coiffeuse à domicile. Comme si l'histoire était déjà écrite.

Les portes de l'ambulance du SAMU claquent. Nous ne la reverrons plus vivante.

Il est 23 h 21 quand elle nous quitte. Me reviennent les mots qu'elle a prononcés le vendredi précédent alors que nous étions dans un taxi.

« Florence, dimanche, nous serons le 30 septembre, n'est-ce pas ?

– Euh… Oui, Lily, je crois bien. »

Elle se met à égrainer les jours.

« Aujourd'hui, nous sommes le 28, demain le 29 ; dimanche, nous serons donc le 30 septembre, et lundi le 1er octobre. Une date toute simple. »

Sur le coup, je me suis demandé pourquoi elle avait tenu à préciser qu'on serait le dimanche 30 septembre. Comme sa remarque aussi sur le lundi 1er octobre, « une date toute simple », que j'avais trouvée pour le moins étrange. Peut-être a-t-elle, inconsciemment, pressenti sa mort et signé ainsi son entrée dans un autre monde ?

Je me suis alors souvenu des mots ultimes du livre de Gonzague Saint Bris – *Les Aristocrates rebelles* –, écrits en lettres capitales – « TEL EST MON DESTIN » –, qui avaient interloqué et ému sa famille. Il s'agissait d'une phrase prémonitoire, puisqu'il a perdu la vie dans un accident de voiture quelques jours avant la parution de son ouvrage.

De retour à la maison, j'ai tenu à revoir en cachette cette coccinelle morte éventrée. Et, dans ma tête, j'ai déroulé le fil des images de l'après-midi : quand mon amie repère le sweat blanc sur le portant et qu'elle me le montre sans apercevoir la coccinelle, quand mon téléphone sonne pour m'apprendre que ma belle-mère a été retrouvée inconsciente, quand je remarque que la coccinelle ne s'envole pas, quand ma fille découvre qu'elle est morte.

Plus je réfléchis à cette après-midi, et plus je me dis que cette coccinelle n'est pas le fruit du hasard, mais bien la volonté d'un esprit qui tenait à m'avertir. Et cet esprit, c'est sûrement celui de maman. Victor Hugo n'hésitait pas à dire : « Pourquoi nier l'évidence ? Oui, il est naturel que les esprits existent. »

Lundi 1er octobre 2018

Il est 10 heures du matin. Nous sommes à la morgue de l'hôpital Georges-Pompidou et, dans quelques secondes, nous serons avec elle. Avant d'ouvrir la porte, le responsable de la chambre mortuaire me demande : « Ça va aller ? » Je lui réponds que oui. Attention qui me touche, mais qui me rappelle combien la mort est un choc. Psychologique, et physique aussi.

C'est moi qui m'avance en premier vers Lily. Mon mari se tient en retrait de l'autre côté du lit. C'est fou comme la mort tient à distance les vivants. Ou plutôt : ce sont les vivants qui se tiennent à distance. B. semble comme paralysé, tétanisé devant le corps sans vie de sa maman. Il n'ose l'embrasser, ni même la toucher ou encore lui parler.

C'est moi la première qui m'adresse à elle. Je lui dis que nous sommes tous les deux là, que nous revenons de son domicile, et que je lui ai rapporté des vêtements. Sa robe de lin bleu Majorelle dans laquelle elle se sentait si bien, et une veste blanche. Je lui dis que j'ai mis du temps pour bien les repasser, et que je suis sûre qu'elle a souri en me voyant m'affairer. Elle qui gentiment me reprochait de vouloir toujours trop bien faire.

Le silence est pesant. Je lui dis aussi que je sais qu'elle m'entend, et que son fils attend un signe de sa part : « Oh oui, maman, j'en ai tellement besoin… »

Son visage est en larmes, les mots s'étranglent dans sa gorge et je ne peux m'empêcher d'ajouter : « Vous savez bien, Lily, que maman m'envoie des coccinelles. Alors, vous aussi, manifestez-vous ! »

Jeudi 4 octobre 2018, 10 h 20

La chambre de ma fille est baignée de soleil. Il fait si bon en ce début d'octobre. Un doux parfum d'été indien. Je m'installe sur le lit, le dos calé contre un gros coussin. Le répertoire téléphonique de ma belle-mère sur les genoux, je m'apprête à appeler deux de ses meilleures amies. L'une des fenêtres est fermée, et l'autre, qui me fait face, est à demi ouverte, au cas où mes deux aristochattes, comme je les surnomme, auraient envie de se prélasser sur le balcon. J'ai à peine ouvert le répertoire qu'un bruit que je ne saurais identifier me fait me redresser. Je regarde autour de moi et ne vois rien d'étrange.

Je n'ai toujours pas trouvé le numéro de téléphone quand un second bruit, plus prononcé, me dérange une nouvelle fois. Sur le balcon, j'aperçois un sac en plastique – peut-être l'une de mes chattes s'est-elle glissée dedans ?

« Duchesse, c'est toi ? Cléo, tu es là ? »

Aucun chat dans les parages. Bizarre ! J'ai pourtant bien entendu un bruit.

Je me replonge dans le calepin quand, cette fois, un bruit métallique qui provient du rideau de velours me fait littéralement sursauter. (Les rideaux de la chambre sont antibruit, doublés à l'intérieur de feuilles métalliques et, lorsqu'on les froisse, ils font un bruit particulier.) Effrayée, je bondis hors du lit et me dirige vers la fenêtre. Et là, dans l'encoignure du carreau, je découvre… un papillon aux teintes chatoyantes.

Incroyable. C'est un paon-du-jour ! Ses ailes sont déployées, sa taille m'impressionne. Il est époustouflant de beauté avec sa couleur cuivre orangé. C'est bien la première fois de ma vie que j'observe un tel papillon en plein centre de Paris. Je suis émerveillée et ne peux m'empêcher de dire à haute voix : « Lily, vous m'avez exaucée. Ce papillon, c'est vous ! Il est magnifique. Merci, merci, votre fils va être si heureux ! »

Joie. Larmes. Joie.

Je saisis mon téléphone pour prendre une photo et la transmets à B. avec cette légende : « Cadeau de ta maman pour toi ! Tu vois, elle nous a entendus ! »

Il m'appelle immédiatement. Je lui décris les bruits dans la pièce, jusqu'à ce que j'aperçoive le paon-du-jour. Il reste sans voix. Bouleversé. Je dois écourter la conversation. Je tiens à faire une vidéo pour immortaliser cette apparition.

Le lépidoptère se déplace gracieusement sur le rideau de velours, puis vole jusqu'à l'autre fenêtre. J'entends un léger battement d'ailes, mais rien à voir avec le bruit qui m'a fait sursauter. Je finis par comprendre que les bruits successifs, c'était pour attirer mon attention.

Mes yeux ne peuvent se détacher du papillon, ils sont comme aimantés. Je suis subjuguée par sa beauté et transportée par le bonheur qu'il me donne. Il est la vie et, en même temps, me donne l'impression d'être surnaturel. Sentiment d'étrangeté, le même que dans la chambre de mes parents à Kourtzerode en avril 2013.

J'appelle ma sœur aînée et lui raconte. Je la sens troublée et émue. Elle me conseille de libérer l'insecte, sa vie est précieuse. Elle a raison. Plus d'une demi-heure que je suis avec le papillon, ou que le papillon est avec moi. J'ai du mal à le quitter. Je saisis une feuille de papier blanc et l'incite délicatement à marcher dessus. Il s'avance sur la feuille, et je parviens à le déposer sur le balcon. Il reste là, immobile, pendant quelques minutes encore. Les rayons du soleil éclairent ses ailes. Un jeu d'ombres et de lumières se dessine sur la feuille. Je le contemple encore, j'ai la gorge serrée.

11 heures. Dernier battement d'ailes, et il me quitte.
« Papillon, envole-toi vers les cieux. Merci, Lily. »

Le papillon s'élance haut dans le ciel, l'envergure de ses ailes est impressionnante. De loin, on croirait presque un petit oiseau. Je le filme encore. Il virevolte quelques secondes puis amorce une grande descente dans ma direction. Je n'en crois pas mes yeux. Il revient vers moi, puis s'éloigne à jamais.

Dans la rue, une musique de fanfare très joyeuse retentit.

6 octobre 2018, cimetière de Villemaréchal, Seine-et-Marne

Lily a de la chance, le soleil brille. Il fait incroyablement chaud pour un 6 octobre : 25 °C.

C'est le moment le plus difficile, l'adieu. Une dernière prière pour l'accompagner dans l'éternité. Vient mon tour de prendre la parole.

« Lily, je vous dédie ce poème, et je suis sûre que vous comprendrez », dis-je en tentant de sourire, la voix étranglée par l'émotion.

Je reprends ma respiration et lis :

« Papillon
Naître avec le printemps, mourir avec les roses,
Sur l'aile du zéphyr nager dans un ciel pur,
Balancé sur le sein des fleurs à peine écloses,
S'enivrer de parfums, de lumière et d'azur,
Secouant, jeune encor, la poudre de ses ailes,
S'envoler comme un souffle aux voûtes éternelles,
Voilà du papillon le destin enchanté !
Il ressemble au désir, qui jamais ne se pose,

Et sans se satisfaire, effleurant toute chose,
Retourne enfin au ciel chercher la volupté !

Alphonse de Lamartine,
Nouvelles méditations poétiques, 1823

Je pose mes deux mains sur le cercueil.
Au revoir, Lily.

11

> « Beaucoup plus loin toujours
> Et n'importe où
> Donne-nous signe de vie. »
>
> Jacques Prévert,
> « Cet amour », *Paroles*, 1946

Novembre 2018

Fond d'écran de mon portable : je décide d'en changer et affiche la photo du paon-du-jour. Ses ailes lumineuses me rappellent que les défunts nous apportent du bonheur, aussi inconcevable que cela soit pour un cerveau rationnel. À présent, j'ai la certitude que les êtres disparus nous entendent.

Je ne me lasse pas de regarder la photo et la vidéo de ce papillon venu me rendre visite, et, plus je l'observe, plus il me semble le reconnaître et même l'avoir aimé. Mais d'où vient ce sentiment curieux ? Je n'en ai pourtant jamais aperçu à Paris et n'ai pas non plus le souvenir d'en avoir croisé à la campagne. Je cherche dans ma mémoire, en vain…

Et pourtant, « ce billet doux plié en deux », comme Jules Renard appelle les papillons, va me mener sur le chemin de l'écriture. En ce début d'automne où le soleil pâlit, je couche sur le papier les premiers mots de *Coccinelle*. Je sais que j'ai maintenant la force de témoigner, et je ne crains plus d'affirmer certaines vérités : les miennes.

Maman et Lily, ma belle-mère, sont devenues les âmes protectrices de la maison. Sur le trumeau de la cheminée du salon, quelques photos d'elles. Maman, joli brin de fille à vingt-cinq ans sur une photo d'identité, élégante aux côtés de papa au mariage d'une de mes sœurs, et sur une plage de la Côte d'Azur, avec son premier petit-fils sur un troisième cliché. Une photo de Lily enceinte au bras de son mari, sur le lac de Constance, avec dans son ventre mon futur mari ; et une autre où elle apparaît, chicissime dans une veste rouge orangé qui rappelle étrangement les couleurs du papillon.

Toutes deux rayonnent, et voir leurs visages m'apaise. Elles semblent veiller sur nous, et il m'arrive de leur confier à voix basse nos soucis. À d'autres moments, je leur envoie un baiser pour leur dire merci. J'ai aussi disposé sur la cheminée une rose blanche séchée de l'église de Kourtzerode, une petite bougie que Lily allumait et un collier de perles bleu azur qu'elle portait l'été…

Loin de moi l'idée de leur consacrer un autel *in memoriam*, je préfère laisser la poésie des objets se mêler à la vie de la maison. Et j'ajoute des brins de lavande, une branche de sapin ou un bouquet de jonquilles, au gré des saisons et de mes envies…

Les jours d'automne se suivent et se ressemblent. Pluie, vent, pluie… Et, avec ma fille, nous profitons d'un mercredi après-midi gris pour mettre de l'ordre dans sa chambre.

Alors que j'ouvre l'un des tiroirs de son bureau, je retrouve ma collection d'images d'écolière, une vingtaine de récompenses conservées comme un petit trésor.

Je fais glisser le ruban rouge qui les relie, et découvre avec stupéfaction… un paon-du-jour, sur le dessus de la pile. Il est identique à celui que j'ai photographié dans cette chambre il y a quelques semaines. Je suis stupéfaite et, soudain, la mémoire me revient : ce papillon posé sur un fond bleu ciel, je l'ai tellement admiré, il m'a tant fait rêver pendant mes années de cours élémentaire… Et dire que je l'avais oublié !

Je caresse son image comme pour le remercier d'être revenu vers moi. Au dos, je reconnais mon prénom écrit maladroitement à la main. Comme si ce papillon faisait partie de ma destinée et devait recroiser mon chemin. J'ai presque envie d'y ajouter le nom de Lily…

Je m'empresse de dire à ma fille que cette histoire de papillon est tout de même troublante, mais Lou de répliquer, sûre d'elle : « Non, maman, là, c'est juste le hasard. Rien d'autre ! »

Soit. Mais moi, je ne peux m'empêcher d'y voir un nouveau signe.

Dimanche 23 décembre 2018

En cette veille de Noël, je retrouve papa. Ma sœur aînée a joliment décoré la maison, et je suis d'humeur joyeuse, comme toujours à cette période de l'année.

Alors que papa somnole dans sa chambre, je m'amuse à ouvrir les placards et retrouver des vêtements *vintage* de maman que je pourrais peut-être porter, ou encore un des vieux pulls de laine tricoté avec soin pour papa par ma grand-mère de Lorraine. Veuve depuis mes trois ans, Oma aimait venir vivre chez nous en janvier-février. Elle profitait de son séjour pour nous tricoter un pull, un gilet, une écharpe… Et, surtout, elle nous régalait de pâtisseries et de viennoiseries.

Lorsque je rentrais de l'école pour déjeuner et que, dans l'escalier, je reconnaissais les odeurs de lait chaud et de raisins macérés dans le kirsch, je savais qu'un kouglof se préparait. Je revois encore le bol avec la pâte, recouvert d'un torchon que ma grand-mère laissait reposer pendant plus d'une heure près d'un radiateur.

« Le goût de l'effort et du travail bien fait, comme disait maman, c'est Oma qui nous l'a transmis ! »

La barrière de la langue nous tenait, hélas, à distance. Née après l'annexion de l'Alsace-Lorraine en 1871 sous le IIe Reich, elle ne s'exprimait qu'en patois lorrain ou en *hochdeutsch*, et toutes les lettres qu'elle envoyait à maman étaient en gothique – toujours aussi incompréhensible pour moi aujourd'hui ! Petite, je saisissais à peine quelques mots : « *Komm zu essen* », « Viens manger ». « *Komm mit* », « Viens avec nous ». « *Steh auf* », « Lève-toi ». « *Geh ins Bett* », « Va au lit »…

Nos conversations étaient donc pour le moins limitées mais, entre ma grand-mère et son gendre, c'était à la limite du comique ! Lui ne comprenait rien de ce qu'elle disait, et vice-versa. Alors papa s'exprimait par gestes, en bon Méditerranéen, et elle, austère Lorraine, répondait le plus souvent d'un hochement de tête ponctué d'un « *Yoh* » sonore. Et ce manège durait deux mois chaque hiver. J'en ris encore aujourd'hui. Mais papa respectait beaucoup Oma et lui était très reconnaissant de l'avoir accueilli, lui, l'étranger venu de Kabylie.

Papa se réveille. Je lui rappelle que, demain, c'est le réveillon de Noël. Je lui parle d'Oma et des pulls qu'elle nous tricotait… D'ailleurs, il en porte un ce 23 décembre.

Tout en discutant, j'ouvre un secrétaire dans lequel maman avait pour habitude de ranger pêle-mêle toutes sortes de choses. Je reconnais bien là son caractère, qui n'aimait guère trier, classer, organiser… Des photos de famille, des cartons d'invitation pour des mariages, de vieilles factures, des extraits de naissance de mes sœurs, des convocations pour des vaccins, des lettres d'Oma, des articles de journaux sur moi : maman gardait absolument tout, et dans un joyeux fouillis. Ma sœur, qui m'entend faire des commentaires, me rejoint et s'assied près de papa, comme pour recréer le cercle familial d'antan. Je commence à lire à haute voix des petits mots pour la fête des Mères, écrits dans les années 1970… Je fais remarquer à papa que, quand j'étais petite, maman avait toujours droit à « maman chérie » et lui à « papa que j'aime bien ». Je poursuis la lecture devant papa, qui semble heureux de m'entendre évoquer tous ces souvenirs de colonies de vacances et de séjours au ski.

Une lettre de maman, datée d'avril 1978, me met les larmes aux yeux.

Ma petite fille chérie,
Aujourd'hui mercredi, nous n'avons toujours pas de nouvelles de toi. Comment vas-tu ? Est-ce que tu te plais bien

là-bas ? Comment est le Jura ? Ça ressemble peut-être aux Vosges…
Profite bien du bon air, et reviens avec les joues rouges. Ici, à Paris, il fait un temps de chien, très froid, et, de temps en temps, il neige. On n'a vraiment pas beaucoup de courage…

Cela fait une heure et demie maintenant que je fais revivre le passé, et il faut bientôt que je rentre. Ma sœur Clo me demande de remettre soigneusement les photos et les lettres dans un tiroir. Au moment où j'en retire mes mains, une image se colle à ma peau, et je ne peux m'empêcher de lire le mot « Pensée » au milieu d'un dessin de fleurs violettes et blanches.

Pour ma sœur, c'est un signe… Sa réaction me surprend, elle qui jusqu'à présent se révélait plutôt sceptique face à mon obstination.

« Ce doit être maman qui se manifeste ! Elle nous dit qu'elle pense à nous.

– Tu crois vraiment ?

– Mais oui ! Tu as dû l'appeler en lisant toutes ces lettres… Elle t'a entendue, et elle est venue.

– C'est bizarre, j'ai très froid, tout à coup.

– Tu ressens sa présence ?

– J'ai rarement eu si froid… »

Ma sœur me tend alors une petite couverture, que je mets sur les épaules pour me réchauffer, et nous sourions. Nous sommes si heureuses.

J'embrasse tendrement papa, je quitte ma sœur, et j'arrive chez moi, euphorique. Maman m'a fait un si beau cadeau ce soir que j'ai envie de le partager. Je poste la photo du bouquet de pensées sur Instagram, avec ce message : « Merci, maman, pour ton signe à la veille de Noël. Merci. »

Je suis convaincue que ceux qui quittent notre monde sont dans une autre temporalité, et c'est seulement si l'on continue de s'adresser à eux qu'ils peuvent le ressentir et nous le faire savoir en envoyant des signes. À l'inverse, je pense qu'ils s'éloignent si on ne les associe plus à notre vie.

Bien sûr, encore faut-il ne pas rejeter l'invisible et l'indicible, et plus encore admettre que les signes qu'on nous envoie ne sont pas le fruit du hasard.

Ce que le philosophe Alain résume en une formule : « Il faut croire avant toute preuve, car il n'y a point de preuve pour qui ne croit rien[1]. »

Février 2019

J'ai rendez-vous avec la conseillère principale d'éducation (CPE) d'un lycée parisien de la rive gauche pour évoquer la scolarité de ma fille qui traverse une période difficile. Ses absences répétées n'ont pas manqué d'alerter ses professeurs.

Il est 17 heures quand je frappe à la porte du bureau de Mme T.

« Je vous en prie, asseyez-vous. Accordez-moi quelques minutes, je termine un courrier. »

1. *Propos sur la religion*, 1938.

De prime abord, je la trouve un peu sèche. Cheveux auburn permanentés, lunettes écaille, écharpe nouée autour du cou, mais aussi des yeux vert-bleu cerclés de khôl brun foncé.

Mon regard vagabonde dans la pièce. Au mur, quelques gravures encadrées aux couleurs vives – jaune, rouge, vert – ; et un peu partout des livres qui s'entassent, dont des manuels sur la méditation et le bien-être. Sur sa table de bureau, des dossiers, des objets disparates qui ont l'air de venir des quatre coins du monde : une statuette, une coupelle, un petit vase et, juste devant moi, une améthyste qui en impose. J'aperçois aussi un sachet de bâtons d'encens et un flacon d'huile essentielle. Rien à voir avec le bureau type d'une conseillère principale d'éducation !

Je la regarde et l'imagine une quarantaine d'années auparavant, jeune étudiante en tricot multicolore Sonia Rykiel, défilant dans les rues du Quartier latin contre le port du soutien-gorge et pour la libération sexuelle…

Je suis intriguée par une très grande photo dans l'angle de la pièce, sur laquelle une jeune fille aux cheveux noir ébène et aux yeux verts translucides prend la pose, habillée en cheyenne. Je me permets de lui demander :

« Qui est cette jolie jeune femme qui vous fait face ?

– Ma fille. J'aime beaucoup cette photo. Bon. Et la vôtre, que lui arrive-t-il ? »

Elle m'écoute sans poser de questions. Juste des hochements de tête.

Quelques secondes de silence et, d'emblée, elle me propose une consultation pour ma fille.

« Peut-être votre fille devrait-elle voir quelqu'un qui travaille sur l'équilibre psychique, si elle n'a plus goût à rien.

– C'est-à-dire ?... À qui pensez-vous ?

– À une sophrologue. Elle apprend à respirer, à faire le vide dans sa tête, à chasser les mauvaises pensées... Cela pourrait lui faire du bien.

– Vous en connaissez une ?

– Oui. Je vous donne ses coordonnées, si vous voulez. Et puis je peux aussi vous indiquer un très bon ostéopathe, pour l'aider à se sentir mieux physiquement. Si elle est très angoissée, elle devrait aussi prendre quelques gouttes de fleurs de Bach avant de dormir : c'est un élixir qui aide à surmonter les crises d'angoisse et les périodes de tristesse. »

Je souris et lui dis que je ne m'attendais pas à une ordonnance pour soigner l'âme et le corps de la part d'une conseillère principale d'éducation !

Nous continuons la conversation et, tout à coup, elle s'exclame :

« Ah, il y a quelqu'un qui est là ! »

Je me retourne alors vers la porte d'entrée...

« Quelqu'un ? Mais je ne vois personne d'autre que vous et moi...

– Si si, il y a une femme.

– Une femme ?

– Oui, et vous la connaissez. »

J'ai envie de me pincer pour savoir si j'hallucine ! D'un ton convaincu, elle poursuit.

« C'est quelqu'un de votre famille !

– Ah, c'est sûrement ma belle-mère qui nous a quittés en septembre dernier. Elle suivait de très près les études de notre fille.

– Non, je ne pense pas. Je vois une femme qui a beaucoup de douceur dans son visage. Elle semble très réservée aussi.

– Alors c'est peut-être maman...

– Oui, c'est bien votre mère. Elle est à côté de moi et vous écoute avec beaucoup d'attention.

– Vraiment ?

– Je vous le confirme.

– Mais... Vous la voyez vraiment ?

– Oui, je suis médium... »

Et elle reprend le fil de la conversation comme si de rien n'était.

Je ne peux la laisser poursuivre sans en savoir plus et la questionne. Elle m'explique qu'elle a ce don de médiumnité depuis longtemps, et que, dans sa jeunesse, on lui a prédit qu'elle irait travailler dans un endroit où « sa mission serait de purifier le lieu et de le nettoyer des âmes errantes ». Elle précise :

« Ce lieu dans lequel je travaille depuis vingt ans, c'est ce lycée proche du jardin du Luxembourg. Sous l'occupation allemande, le Sénat était le siège de l'état-major de la Luftwaffe pour le front ouest, et le lycée une caserne. Mais il y avait aussi, ce qu'on sait moins, une prison et un centre de torture, cachés dans les fondations. »

J'apprendrai plus tard que des centaines de résistants ont été enfermés dans les caves du lycée, et que certains y sont morts sous la torture, probablement comme Madeleine Michelis, disparue en février 1944.

Aujourd'hui, deux groupes scolaires portent son nom, à Amiens et à Neuilly-sur-Seine, mais le lycée parisien n'aime pas rappeler ces heures sombres…

« À propos, elle est toujours là !

– Elle ?

– Votre maman, bien sûr !

– Vous en êtes tout à fait certaine ?

– Oui, tout à fait. Et, visiblement, elle s'intéresse à notre conversation. »

Elle regarde sa montre et s'aperçoit qu'un autre rendez-vous l'attend. La médium cède la place à la conseillère d'éducation.

Je la remercie pour ses conseils et suis sur le point de la quitter lorsqu'elle me lance :

« Et dites à votre fille de venir me voir.

– Je n'y manquerai pas… »

La fin de la période coccinelle ?

Je suis à peine sortie du lycée que la sonnerie de mon téléphone retentit. C'est mon mari qui m'appelle.

« Alors, comment s'est déroulé ce rendez-vous ?

– Surréaliste ! Je ressors avec une ordonnance pour Lou, et maman est même venue à la rescousse !

– Mais qu'est-ce que tu me racontes avec ta mère ? Bon, j'entre en réunion ; tu m'expliqueras ce soir. »

Je rentre à la maison à vélo. Je ne roule pas, je vole.

Il me faut bien quelques heures pour reprendre mes esprits… Avoir rendez-vous avec une CPE et tomber sur une médium qui m'annonce tout de go la présence de maman dans son bureau, je n'en reviens pas ! D'ailleurs, je n'ose même pas raconter la scène à ma fille, et à peine à mon mari.

Pourquoi cela m'est-il arrivé ? Pourquoi maman se manifesterait-elle différemment ? Est-ce la fin de sa période « coccinelle » ?

J'étais pendant des mois dans l'attente, je suis maintenant dans un état d'incertitude, et presque d'inquiétude. Si maman ne m'envoie plus de coccinelles, à quoi dois-je m'attendre ? À rien ? À d'autres manifestations ? S'agit-il d'une nouvelle séquence, même si elle me dépasse pour le moment ? Déjà, à la veille de Noël, cette image – « Pensée » – surgie de nulle part m'avait intriguée. Cette fois, j'entre dans une autre dimension. Me retrouver dans la même pièce que maman, rien ne m'y préparait.

J'en suis bouleversée, et, une fois de plus, je sais que personne ne voudra me croire.

12

> « Pourquoi ce chemin plutôt que cet autre ?
> Où mène-t-il pour nous solliciter si fort ? »
>
> René Char, *La Postérité du soleil*, 1965

1er mai 2019

À présent, mes sœurs et moi n'avons plus ni mère ni père. Papa vient de nous quitter, le premier jour du mois de mai 2019.

Retour en Lorraine pour l'enterrement six jours plus tard. Dans quelques heures, papa retrouvera sa Jeanne, maman, au cimetière de Saint-Jean-Kourtzerode. Je suis dans le pré de notre maison familiale, ma fille à mes côtés ; le printemps nous sourit, le soleil aussi. Des pâquerettes, des boutons d'or, des pissenlits, des violettes et déjà des coquelicots : la nature est radieuse ! J'aperçois même des narcisses, que papa aimait tant. Des jaunes, des blancs – je vais composer un bouquet que je déposerai sur son cercueil et qu'il emportera avec lui. Ainsi s'en ira-t-il avec un petit bout de terre de Lorraine.

À peine ai-je commencé à cueillir quelques fleurs que la voix de ma fille me fait sursauter.

« Maman, arrête-toi !

– Mais pourquoi ? Qu'y a-t-il ? lui dis-je sans même lever les yeux.

– Maman, vite, redresse la tête et regarde devant toi ! »

À quelques mètres, une biche bondit et traverse le pré qui domine la maison. La voilà qui s'immobilise. Elle me fixe, je suis happée par son regard si doux. Ses yeux dans mes yeux pendant de longues secondes. Le temps est comme suspendu. Je suis emportée par la grâce du moment. Mais, en un instant, la biche détale et repart, plus vive encore, vers la forêt.

J'entends mon mari qui m'appelle. Il nous presse de rentrer, car il faut partir pour l'église. Je termine mon bouquet à la hâte, émue par ce que nous venons de vivre. Ma fille se félicite d'avoir vu cette biche la première.

« Tu vois, maman. Sans moi…

– Oui, je ne l'aurais peut-être pas vue. Merci, ma Lou. »

À l'église, *bis repetita*

14 h 30, la cérémonie commence. Mes sœurs sont effondrées. Un portrait de papa trône devant son cercueil. Pour se souvenir et rappeler sa beauté. Sur cette photo que j'ai fait agrandir et encadrer, il porte costume noir, chemise blanche et nœud papillon. De grands yeux noirs, un sourire éclatant – un prince d'outre-Méditerranée. Ici, en Lorraine, son charme en a séduit plus d'une, mais lui n'en a aimé qu'une, maman, et lui a toujours été fidèle.

Le prêtre présente papa. Aucune chaleur dans ses mots. Aucune expression sur son visage. « Pas gai, ce curé ! » C'est ce qu'aurait dit papa. La chorale entonne un premier chant ; j'entends mes sœurs sangloter.

Moi, je n'ai pas de larmes, je me sens comme apaisée. Dehors, le soleil brille et illumine les vitraux du chevet de l'église, et, surtout, je revois cette biche qui gambade dans notre pré et plante ses yeux dans les miens.

Cela fait bien une demi-heure que la messe a débuté, et toujours pas de larmes : je m'interroge et me dis que ce n'est pas normal… Mes sœurs et certains membres de la famille pourraient penser que je n'ai pas de chagrin. En fait, je suis convaincue que papa n'est pas dans le cercueil, qu'il est ailleurs. Comme la biche, libre et joyeux.

Dans quelques minutes, ce sera mon tour de rendre hommage à papa. Tout à coup, mon cœur s'emballe, mes mains tremblent, me voici rattrapée par la cruauté de la mort. Le curé me fait signe d'avancer. Je tâche de me calmer, je reprends ma respiration et m'adresse à mon père comme si nous n'étions plus que tous les deux dans cette église.

« Papa, avec tes grands yeux noirs et ton sourire éclatant, tu étais mon prince. Quel séducteur tu étais, et tu as épousé la plus belle, maman, que tu vas bientôt retrouver.

Je me souviens de tes éclats de rire, et qu'est-ce que j'ai pu te faire rire, aussi ! Tu te rappelles, papa ?

Et quand on boxait tous les deux, c'était trop drôle. D'ailleurs, ça a dû te faire sourire quand Clo t'a dit que je m'étais inscrite à la boxe française. Dans quelques jours, je vais même passer mon gant bleu. Tu te rends compte, papa ? Je suis sûre que tu serais fier de moi !

Tu n'as jamais eu la chance de connaître ta maman, et je sais que tu en as souffert, mais tu étais la joie de vivre incarnée, et tu as toujours pris la vie du bon côté avec cette incroyable capacité à t'enthousiasmer pour tout, et parfois pour rien. Dieu que je te ressemble. Merci, papa ! Merci !

Je me souviens aussi de tes fameux dictons que tu nous répétais à l'envi. "Tous les chemins mènent à Rome." "Petit à petit, l'oiseau fait son nid." "Trois filles sont un diable pour leur père…" La liste est longue et, aujourd'hui, c'est moi qui m'amuse à te citer.

Tu as eu deux petits-fils, A. et A., et, malheureusement, la maladie t'a empêché d'être le grand-père que tu aurais voulu avec Lou. Mais aujourd'hui, elle est là, à tes côtés pour te dire au revoir. Et, comme toi, elle a du caractère et du tempérament. Je peux t'assurer une chose, c'est que la relève est bel et bien assurée.

Voilà, je pourrais encore te parler pendant des heures, mais je préfère te lire un petit poème qui a marqué mon enfance et que tu m'as fait réciter. Cette poésie est signée du poète turc Nazim Hikmet, et Yves Montand – que tu aimais tant – l'a même mise en chanson.

"La plus belle des mers
est celle où l'on n'est pas encore allé.
Le plus beau des enfants
n'a pas encore grandi.
Les plus beaux de nos jours
on ne les a pas encore vécus.
Et ce que moi je voudrais te dire de plus beau
je ne l'ai pas encore dit[1]…" »

1. *Lettres et poèmes*, 1942-1946.

Je suis en larmes lorsque je dépose le bouquet de narcisses sur son cercueil.

Papa s'en va

Papa vivait quasi allongé depuis des mois. Souvent les yeux mi-clos et dans l'incapacité de parler. Ou presque. Un calvaire. Je suis persuadée que maman lui a rendu visite, et pas qu'une fois ! On l'a souvent entendu murmurer son prénom ou l'appeler à voix haute. « Jeanne ! » Peut-être l'a-t-il vue, ou bien a-t-il seulement senti sa présence ? Mais, dans sa dernière nuit, maman a pris papa par la main et l'a emmené pour toujours. La vie de papa s'est terminée chez lui et dans son lit. Je me console en pensant qu'il aurait pu mourir à l'hôpital, seul. Il est parti entouré de mes deux sœurs, elles l'ont choyé jusqu'à son dernier souffle. J'aurais tant aimé être là pour le serrer une dernière fois contre moi, l'embrasser, mais la vie et la mort en ont décidé autrement.

Lorsque j'arrive dans la matinée, il y a du muguet partout dans la maison. Et surtout dans sa chambre. Un petit jardin de lumière. Je retrouve mon beau papa qui a l'air de dormir, quelques brins délicatement posés sur sa poitrine, tout près de son cœur. Un parfum de joie pour l'accompagner dans l'éternité, lui d'une nature si gaie. Douce attention de mes sœurs à l'égard d'un père qui a toujours offert à sa famille cette fleur qui met à l'honneur les travailleurs et fête le retour du printemps.

Je souris en pensant qu'il aurait probablement éclaté de rire si on lui avait annoncé qu'il partirait un 1er mai ! Cela ressemble presque à une farce, et je me dis que cette date est comme un clin d'œil du destin. Combien de fois papa a-t-il évoqué son passé de jeune communiste, sa fierté d'avoir défendu les droits des travailleurs et d'avoir défilé avec la CGT en mai 1968 ? J'entends encore sa voix enflammée : « Tu sais, Florence… Et puis… Et encore… »

Mes yeux s'accrochent à ces petites clochettes blanches qui carillonnent sur son cœur et laissent espérer une vie nouvelle. Avec maman.

19 heures. Deux agents des pompes funèbres viennent chercher papa pour l'emmener dormir dans une chambre froide. Depuis le milieu de l'après-midi, je redoute ce moment, car il va quitter la maison pour toujours.

Les deux hommes s'enferment avec lui pour l'installer sur une civière. Je ne veux pas, je ne peux pas assister à son départ. Le choc est trop violent. J'empêche aussi ma sœur aînée de voir notre père s'en aller. Elle est à deux doigts du malaise. Nous sommes assises sur le canapé, et je la tiens serrée contre moi. Je ne sens plus mon cœur battre, n'arrive plus à respirer.

On entend la porte de la maison qui se referme. C'est fini, papa ne reviendra jamais plus. Ma sœur cadette, qui a tenu à l'accompagner jusque dans la rue, revient livide. Clap de fin d'une vie de famille où le bonheur s'est évanoui.

Je nous revois des années en arrière, un 1er mai comme aujourd'hui. Papa rentrait d'une partie de pétanque, et maman avait préparé une quiche lorraine pour le dîner.

Il était l'heure de se mettre à table… Désormais, ses « trois belles filles » – comme il avait coutume de dire – sont définitivement seules.

Avec papa, j'ai toujours eu une relation joyeuse et ludique – ne suis-je pas la plus jeune ? Il a toujours été très fier de ses enfants, mais je suis celle qu'il a le plus chouchoutée, en raison de la différence d'âge : près de onze ans et demi d'écart avec ma sœur aînée Clo, et sept ans avec Ève. Peut-être aussi parce que je l'ai tant fait rire. Mon tempérament de clown et ma facilité à imiter les accents l'ont toujours amusé. Dès que je me lançais dans une imitation ou lui faisais une blague, ses yeux noirs pétillaient, et ses éclats de rire résonnaient dans toute la maison.

Double souffrance

Jeudi 2 mai. Nous sommes sous le choc : ma cousine R., vicaire à l'église de Saint-Jean-Kourtzerode, nous informe que papa risque de ne pas avoir de messe d'enterrement. Le curé veut la preuve que notre père est catholique et non de religion musulmane !

Une première discussion s'engage entre le prêtre et ma sœur cadette. Il reste sur sa position et n'en démord pas. Je l'appelle à mon tour. Il ne me présente même pas ses condoléances.

« On m'a dit que votre père est musulman : je ne peux pas célébrer de messe. Je l'ai dit à votre sœur.

– Pardonnez-moi, mon père, mais "on", c'est qui ?

– On m'a donné cette information, je ne peux pas vous le dire.

– Mon père est né en Kabylie, mais il n'a jamais pratiqué la religion musulmane. Il a épousé maman, une catholique pratiquante, et a voulu que l'on soit toutes les trois baptisées. Nous pouvons vous fournir nos certificats de baptême…

– Ça ne suffira pas. Il faut un document qui atteste de son adhésion au catholicisme.

– Mon père nous emmenait au catéchisme et, toutes les trois, nous avons fait notre communion. »

Il persiste.

« Est-ce que votre père a un certificat de baptême ?

– Non, il n'a jamais été baptisé ! Il est né en Algérie, comme je vous l'ai dit, mais il a reçu une éducation chez les Pères blancs en Kabylie. Et puis il n'a jamais fait le ramadan.

– Comprenez-moi, je ne peux pas faire une messe pour un musulman.

– Mais, mon père, puisque je vous dis que papa n'est *pas* musulman !

– Il faut au moins me donner la preuve que vos parents se sont mariés à l'église.

– Très bien, nous allons essayer. Mais les obsèques sont prévues pour mardi prochain, or demain nous sommes déjà vendredi… »

Ulcérée, je mets un terme à la conversation et laisse éclater ma colère, avant de sangloter. J'ai si mal pour papa. Même mort, on le poursuit, on jette sur lui l'opprobre, et on fait comprendre à ses filles qu'il reste à jamais l'étranger… Plus de soixante-cinq ans après son premier séjour sur la terre lorraine ! Ce curé ultrarigoriste pourrait même interdire l'entrée du cimetière catholique à papa et l'empêcher de rejoindre maman.

Je ne peux accepter plus longtemps qu'on l'humilie, et propose à mes sœurs que la messe se déroule à Paris, en l'église Saint-Médard dans le Ve arrondissement, là même où j'ai été baptisée un 25 décembre. Le prêtre Albert Gambart veut bien ouvrir la porte de sa paroisse à notre père.

« On n'a pas le droit de faire souffrir un défunt », me dit-il.

Ce geste réconforte mes sœurs, mais ma cousine parvient à mettre la main sur le registre des mariages religieux qui prouve que l'union de nos parents a bien été célébrée en 1965 – quatorze ans après le mariage civil – par l'abbé Spitz, le curé d'alors. J'informe immédiatement le père Gambart, qui se réjouit de la bonne nouvelle et me conseille d'accepter la messe en Lorraine malgré notre douleur.

« Faire la messe à Paris pourrait laisser penser que vous avez quelque chose à cacher. Au contraire, rendez son honneur à votre père aux yeux de tous ! »

Vendredi 3 mai, nous apprenons que le prêtre lorrain se fera remplacer mardi pour l'enterrement de papa.

Alléluia !

Début juillet 2019

Depuis les obsèques, je ne cesse de penser à cette biche qui a surgi dans le pré une heure avant la cérémonie. Il nous est arrivé d'en voir à Kourtzerode, mais pas si souvent. Et puis toujours en fin d'après-midi, jamais à l'heure du déjeuner.

Papa était comme un enfant lorsqu'il apercevait une biche, un cerf ou un faon. Je crois que nous partagions le même amour pour la nature, il aimait marcher dans les forêts de sapins en Lorraine et dans les Vosges. De ses balades, il rapportait toujours quelque chose : une pierre incrustée de fossiles, un morceau de bois façonné par le temps, des épis de blé, des fleurs, ou encore des mûres et des framboises sauvages qu'il était heureux de nous faire goûter. Je suis comme lui, je reviens presque chaque fois de mes escapades avec un bouquet ou des feuillages. Il m'a appris à regarder le ciel et la terre, à m'émouvoir d'un vol d'hirondelles. L'hirondelle, son oiseau porte-bonheur.

À Kourtzerode, papa aimait observer le vol des oiseaux autour de notre maison et leur mettait régulièrement dans le jardin des petites coupelles de miettes de pain avec la moitié d'une pomme ou d'une poire flétrie. De même, je nourris les oiseaux sur mon balcon l'hiver à Paris, guettant chaque matin moineaux, mésanges charbonnières et merlettes…

Deux mois plus tard, alors que je découvre le village d'Espelette au Pays basque, une famille d'hirondelles voltige et gazouille juste au-dessus de ma tête. Immédiatement je pense à papa. Et à George Sand, si proche de la nature elle aussi.

« La nature est tout ce qu'on voit,
Tout ce qu'on veut, tout ce qu'on aime.
Tout ce qu'on sait, tout ce qu'on croit,
Tout ce que l'on sent en soi-même.

Elle est belle pour qui la voit,
Elle est bonne à celui qui l'aime,
Elle est juste quand on y croit
Et qu'on la respecte en soi-même.
Regarde le ciel, il te voit,
Embrasse la terre, elle t'aime.
La vérité c'est ce qu'on croit
En la nature c'est toi-même[1]. »

Sand avait dédié ce poème à sa petite-fille Aurore qu'elle chérissait, et je me plais à imaginer que papa aurait aimé à son tour le dédier à sa petite-fille.

Au fil des jours, la douleur de ne pas avoir été auprès de lui dans ses dernières minutes de vie devient lancinante. Je me lève et m'endors avec le sentiment qu'il a dû sentir que je n'étais pas là, et que je lui manquais.

J'essaie de me calmer. Je me dis que cette biche apparue dans le pré de Kourtzerode, c'était peut-être lui. A-t-il voulu me consoler et m'empêcher de souffrir davantage ? J'aimerais bien qu'on m'explique. Mais qui ? Comment ? Je ne puis me tourmenter plus longtemps.

Mardi 16 juillet 2019

Dans quelques instants, Claire M., une médium, va tenter de me mettre en relation avec papa. Je n'ai encore jamais vécu une telle expérience, et je la redoute.

11 h 05. La séance commence.

1. « À Aurore », *Contes d'une grand-mère*, 1873.

Claire me demande son nom et son prénom, ainsi que la date de sa naissance. Elle précise que « les défunts sont dans un registre émotionnel et pas intellectuel ». Elle ne leur pose pas de questions, elle se contente de les écouter et de transcrire leurs paroles.

« Ils me transmettent leurs émotions, me font ressentir des odeurs, des parfums, me montrent des choses. »

Elle prévient qu'il arrive parfois que le défunt ne vienne pas lorsqu'on le sollicite.

Elle a besoin de se concentrer. Pendant quelques minutes, le silence se fait dans la pièce. Moi, j'entends mon cœur battre aussi fort qu'en cette matinée du 1er mai lorsque j'ai retrouvé et perdu papa. Devant moi, des feuilles de papier et un stylo. Je veux tout noter, ne rien manquer.

Tout à coup, le visage de Claire esquisse un sourire.

« Il est là ?

– Oui, je le vois. Il est venu très vite, dites donc. Il en a de beaux yeux, votre papa ! Quels yeux brillants !

– Oui, il avait un regard qui pétillait. Donc c'est vrai, il est bien là ?

– Oui, il a envie de vous parler… Votre père aurait aimé que vous soyez là lorsqu'il est allé rejoindre votre maman. Vous n'étiez pas là ?

– Non. »

Je ne peux contenir mon émotion, les larmes déferlent sur mon visage.

« Il raconte que, lorsqu'il a senti son âme se détacher de son corps, il vous a vue, ainsi que votre fille et votre mari. Il a même entendu votre voix. Vous n'avez pas quitté ses yeux ni ses pensées. Il dit être parti avec ses trois filles. Tiens ? Il me montre une bague. Cela vous dit quelque chose ?

– Non, rien. Je ne comprends pas…

– Votre père explique que c'est votre maman qui est venue le chercher. Il a ressenti sa douceur et son amour. Plusieurs fois il a voulu s'en aller, mais elle l'en a empêché. C'était trop tôt. Son corps l'a horriblement fait souffrir, et il ne souhaite à personne de vivre un tel calvaire. Il décrit ses derniers jours, quand il ne pouvait plus manger. Il parle d'une compote qu'il n'arrivait même plus à avaler.

– Mais c'est fou, ça ! Ma sœur n'a pas cessé de me dire que papa n'avait plus de salive dans la bouche.

– Maintenant, il parle d'une biche…

– Une biche ? Vous êtes sûre ?

– Vous savez de quoi il s'agit ?

– Mais oui, bien sûr ! J'ai vu une biche dans notre pré juste avant son enterrement. Mais c'est hallucinant ce que vous êtes en train de me raconter ! D'abord l'histoire de la compote, puis la biche… Mais comment est-ce possible ?

– Je ne fais que répéter ce que votre père dit. Il se sentait libéré et heureux d'avoir retrouvé votre mère. Attendez… Je ne comprends pas… Ah si, c'est drôle ! Il explique qu'on lui a toujours dit qu'il avait des « yeux de biche », et c'est comme ça qu'il a séduit sa femme. Il a toujours été aussi coquin, votre père ? »

Je souris, je pleure, je ris, je pleure.

« Votre père revient sur la bague. Vous n'avez vraiment aucune idée ?

– Non… Si ce n'est une bague de maman, que je porte parfois.

– Non. Il insiste. C'est une bague qui vient de lui.

– Mais papa ne portait pas de bague. Je ne vois pas.

– Sans doute faut-il que vous alliez dans la maison de vos parents et que vous la recherchiez. Tiens, c'est bizarre, maintenant votre père me fait des grimaces. Qu'est-ce qu'il est drôle, comme ça ! Mais je ne comprends pas pourquoi.

– Moi, j'ai compris : il veut dire que j'ai toujours aimé faire le clown, enfant.

– Oui, c'est cela. Il confirme que vous l'avez beaucoup fait rire dans la vie. Mais il insiste de nouveau pour la bague. Il me montre un tiroir dans laquelle elle se trouverait. Cela ne vous dit toujours rien ?

– Non.

– Réfléchissez encore. Nous ne pouvons pas laisser votre père partir sans savoir…

– Je suis désolée, je ne sais pas.

– Oh, comme c'est touchant…

– Quoi donc ?

– J'entends votre père qui chuchote : « Je t'aime, je t'aime, Florence." Il est sur le point de nous quitter. »

J'éclate en sanglots.

« Je crois que je suis en train de comprendre pour la bague…

– Vite, dites-moi avant qu'il ne s'en aille !

– En fait, il y a quinze jours, mon mari et moi nous sommes rendus dans un vide-greniers près de notre appartement. J'ai tout de suite été attirée par une bague en argent avec une topaze bleue. B., qui était allé s'acheter un livre, revient vers moi et me surprend en train de l'essayer. “Elle est vraiment lumineuse, cette bague. Je te l'offre ?” Sur le coup, sa réaction m'a étonnée, car je m'attendais plutôt à un “Arrête avec les bagues, tu en as assez !”

– Eh bien, cette bague, c'est votre père qui vous l'a offerte par l'intermédiaire de votre mari. C'est son cadeau de l'au-delà ! Et vous devez absolument la porter. »

Et Claire d'éclater de rire.

Je ressors de cette séance éreintée, sonnée. J'ai encore du mal à réaliser ce que je viens de vivre pendant plus d'une heure. Comment papa a-t-il pu me parler par l'intermédiaire de Claire ?

Je relis mes notes et ne peux m'empêcher de penser qu'il y a une part de vérité dans tout ce que la médium a révélé. Les attitudes de papa, ses expressions, ses mimiques, je les ai retrouvées dans cette heure où nous n'étions que tous les trois au monde.

Et puis, si je réfléchis encore, la biche, la bague, le charme… Ça lui ressemble tellement !

Je t'ai reconnu, papa, si bien reconnu.

13

« Le parfum de l'âme, c'est le souvenir. »

George Sand,
Lettres d'un voyageur, 1837

Mardi 27 août 2019

Mon portable sonne, le nom qui s'affiche me surprend : c'est Claire, la médium. Je réponds, et la conversation s'engage.

« Florence, après cette séance de médiumnité avec votre papa, j'aimerais bien vous revoir…

– Ah bon ? Mais pour quelle raison ?

– Je souhaiterais vous parler de quelque chose… C'est une surprise.

– Une surprise ?

– Oui, et je pense qu'elle vous plaira.

– Vous ne voulez pas m'en dire un peu plus ?

– Non. Avez-vous un moment dans la journée du vendredi 13 septembre ?

– Oui.

– 17 heures ?

– Parfait. »

Je raccroche et me dis que j'ai peut-être eu tort d'accepter ce rendez-vous aussi vite. Par crainte peut-être d'être entraînée dans quelque chose qui me dépasse et me bouleverse encore. Je n'ai nullement envie de devenir dépendante d'une médium. Pourtant, je brûle d'en savoir plus sur cette mystérieuse « surprise ». Est-elle liée à papa ? Et puis, une surprise un vendredi 13, ça ne s'invente pas ! Je sens que je vais compter les jours, les heures et les minutes…

Vendredi 13 septembre, 17 heures

Enfin.

Elle m'accueille avec le sourire, je lui souris aussi. Nous échangeons quelques mots, sur tout et rien, les vacances, le soleil, le temps qui file trop vite… Alors que je bous d'impatience comme une petite fille qui attend sa surprise. Elle me demande comment j'ai vécu cette séance de médiumnité avec papa, et puis son regard se pose sur mes mains.

« C'est la bague de votre papa que vous portez à votre doigt ?

– Oui, je tenais à vous la montrer. »

Je la fais glisser de mon doigt et la lui tends.

« Elle est bleue comme le ciel, et ce n'est pas un hasard. Quel éclat ! Ne vous ai-je pas dit que c'était un cadeau du ciel ? Elle vous va très bien. Et, puisqu'on parle de votre père… »

Elle m'explique qu'après la séance du 16 juillet, papa ne l'a pas quittée. Lorsqu'elle a refermé la porte de son cabinet pour rejoindre le laboratoire où elle élabore des parfums – ce que j'ignorais –, elle a senti une présence, et me raconte ce que papa lui a confié.

« C'est bien la première fois de toute ma carrière qu'un défunt me suit et insiste pour prolonger le contact. Mais je crois qu'il voulait vous offrir quelque chose pour vous consoler de votre absence quand il a rejoint l'au-delà. Il a senti que vous n'étiez pas là et en a éprouvé une profonde tristesse.

– Et donc ?

– Comme nous étions dans mon laboratoire au milieu de pipettes, de flacons et de fioles anciennes, il a dû être sensible à certains effluves, et j'ai continué à l'interroger. Nous en sommes venus à évoquer le parfum qu'il aimerait que je crée pour vous.

– Un parfum pour moi ? Mais c'est complètement fou !

– Oui, et votre père m'a entraîné dans un sous-bois de sapins où une cascade dévalait d'une montagne… Je vous ai vue enfant, et vous vous amusiez à sauter de rocher en rocher. Votre père se tenait près de vous, il était heureux.

– Vous avez dit une cascade ?

– Oui, j'ai aussi senti une odeur de mousse verte, de fougère, d'intense fraîcheur. Ensuite, il vous a montré vous baignant dans une rivière près d'une maison. En tout cas, pour le parfum, je saurai quoi restituer comme senteur. J'ai pris des notes pour ne rien perdre de ce que votre père m'a transmis.

– C'est donc cela, la surprise ?

– Oui et, dans quelque temps, je vous remettrai le parfum avec les mots de votre père. »

Je reste coite. Elle me demande si ça va ; je lui réponds que je suis troublée et émue de l'entendre me parler une nouvelle fois de papa. Je lui explique que la cascade qu'elle évoque, je l'ai tout de suite reconnue : c'est la cascade Saint-Nicolas, que j'ai tant aimée enfant. Et la rivière, c'est sans aucun doute la Thur, dans laquelle je me suis si souvent baignée et qui coulait en contrebas de notre maison de vacances vosgienne.

« Mais comment est-il possible que vous me parliez de mon enfance avec tant de détails ? Je n'en reviens pas…

– Je ne fais que révéler les messages de votre père. Et vous savez, le parfum, c'est le lien entre le monde visible et le monde invisible. »

Je la quitte sur cette remarque qui m'intrigue encore, et lui dis combien j'ai hâte de découvrir le parfum.

En cette fin de journée, j'ai besoin de marcher pour reprendre mes esprits. Je traverse le Pont-Neuf ; les derniers rayons du soleil cajolent la Seine et, dans ma tête, c'est le tohu-bohu. Tout se bouscule : papa, le parfum, la cascade, la rivière, les souvenirs de vacances d'été. Les images défilent dans ma mémoire. J'avais neuf ans lorsque nous avons posé nos valises pour la première fois dans ce joli village alsacien au drôle de nom, Kruth, situé au pied du Markstein et du Grand Ventron, pas loin de la route des Crêtes. C'est là-bas aussi que j'ai fêté mes dix-huit ans. J'en viens à penser que ce n'est pas si surprenant que papa ait parlé de cette cascade… C'est un peu ma madeleine de Proust.

Combien de fois, équipés de bâtons en bois taillés par papa, sommes-nous partis l'esprit léger vers cette cascade qui tient son nom de la chapelle Saint-Nicolas nichée dans le vallon du col d'Oderen ? Il nous fallait emprunter un sentier escarpé fait de passerelles et d'escaliers en bois pour remonter la chute d'eau en dentelles. Nous marchions au milieu de sapins, de frênes, de bouleaux et de peupliers, dans une palette de peintre aux mille nuances de vert. Seules quelques petites fleurs, d'un jaune ou d'un rose éclatant, venaient apporter une touche de couleur, et des parfums insistants de mousse, de lichen et de fougère accompagnaient nos randonnées. L'eau était froide et vive, ce qui ne nous empêchait pas de nous aventurer pieds nus entre les gros rochers de granit. Notre seule crainte était de faire une mauvaise rencontre, les nids de vipères n'étant jamais loin d'un point d'eau. Pour moi, l'idée du bonheur a commencé ici, à la cascade Saint-Nicolas.

Monsieur Kubler

Je revois aussi notre maison perchée sur une petite colline et, au loin, le clocher et le carillon de l'église de Kruth comme repères ; d'un côté, un pré où paissaient des moutons – que j'essayais toujours d'amadouer avec quelques mots en alsacien et des quignons de pain –, et de l'autre des massifs de framboisiers et de groseilliers qui appartenaient à notre voisin.

Lui, c'était Paul Kubler, comme un deuxième grand-père pour moi. Un montagnard de taille imposante, au doux visage, toujours vêtu d'une chemise à gros carreaux assortie de larges bretelles – sauf le dimanche ! Il était entré en résistance lorsque les nazis avaient de nouveau annexé l'Alsace-Lorraine, et cela m'impressionnait beaucoup. Sur les coups des 6 heures du soir, il venait souvent faire un brin de causette avec maman et papa, et apportait toujours une corbeille pleine de ses récoltes – haricots verts, tomates, salades, framboises… Je les retrouvais assis sur le banc devant la maison et, lorsqu'il m'apercevait, son œil s'allumait. Il prenait plaisir à me taquiner et me demandait si je n'avais pas croisé le dahu, cet animal imaginaire des montagnes, aux pattes plus courtes d'un côté que de l'autre…

M. Kubler, en bon Alsacien, produisait aussi son propre schnaps avec la récolte de fruits qu'il faisait macérer tout l'hiver. Comme j'étais trop jeune pour goûter l'eau-de-vie, il déposait quelques gouttes d'alcool dans le creux de mon poignet, que je devais délicatement frotter avec mon doigt puis respirer comme un parfum afin de deviner s'il s'agissait de framboise, de quetsche ou de poire… Plus les senteurs étaient fruitées, meilleur était le schnaps, avait-il coutume de dire.

La terrasse de notre maison surplombait la Thur, une rivière aux allures de torrent qui prend sa source au Rainkopf avant de se jeter dans le Rhin. Au fil des années, nous nous sommes attachés à cette eau vive, et il ne se passait pas un jour sans que papa et moi n'allions y goûter. Nous nous faufilions entre les arbres fruitiers qui exhalaient des parfums de quetsche et de coing et, très vite, nous nous retrouvions au bord de la Thur, fraîche et énergisante. Parée d'une bouée rouge, je m'en donnais à cœur joie. Mon père, lui, ne me quittait pas des yeux. Me reviennent aussi des images de pêche à la truite, avec des cannes improvisées, et de colonies de têtards que j'emprisonnais dans des bocaux de verre.

Je suis sûre que papa a voulu me rappeler ces instants de bonheur. Mais comment se fier à Claire lorsqu'elle dit qu'elle va m'offrir le « parfum de papa », celui qui sera créé à partir de ses souvenirs, de nos souvenirs ? Y croire, ne pas y croire ? Et puis sa remarque sur le parfum qui relie le « visible » et l'« invisible »... J'aimerais pouvoir y réfléchir, mais pas ce soir. Pour le moment, je suis sur un petit nuage, et je veux y rester.

14

« La joie est en tout ; il faut savoir l'extraire. »

Confucius

Mercredi 13 novembre 2019

Ciel bleu complice de ma joie : plus que quelques heures à attendre, et Claire m'offrira le parfum inspiré par papa. J'ai du mal à réaliser, mais qu'importe ce que l'on pensera, j'attends fébrilement cet instant. Avec ce parfum, c'est papa que je vais retrouver. Comme un rendez-vous secret, rien qu'entre nous deux. Depuis mon réveil, je suis d'humeur guillerette, je me sens légère et j'ai hâte – « l'émotion du bonheur et l'attente[1] », comme l'a délicieusement écrit Verlaine.

Il y a quelques jours, je me suis plongée dans le livre d'Élisabeth de Feydeau, *Les Parfums*. L'historienne précise : « Pour détourner une expression de Cocteau – "Je décalque l'invisible" –, le parfum pourrait être une façon de "décalquer l'invisible". »

Mon esprit est conquis par cette définition. L'« invisible », un mot qui effraie, que l'on ose à peine prononcer, et qui, pour moi en ce jour de novembre, convoque papa. Un

1. « Donc, ce sera par un clair jour d'été », *La Bonne Chanson*, 1870.

père qui continuerait à vivre et qui voudrait me consoler de son départ par un cadeau, encore un, pour me dire : « Avec ce parfum sur ta peau, je suis toujours là. » Le parfum est comme un trait d'union : se rapprocher, raviver les souvenirs, surmonter le manque… J'imagine l'ombre de papa, avec son regard de brun ténébreux, son sourire et son bagout, charmer Claire pour qu'elle crée une fragrance. Depuis qu'il a quitté notre monde, la mort l'a rajeuni. Il est si beau dans mes yeux.

La biche, la bague et bientôt le parfum… J'ai de la chance.

Cascade de rires

19 heures. Claire sonne à ma porte. À peine est-elle entrée qu'elle me tend le présent.

« Voilà Florence ! De la part de votre père. »

Je le pose sur la table du salon et m'en écarte. La peur d'une situation qui me dépasse. Je ne suis pas à l'aise. Nous parlons depuis une demi-heure autour d'un verre quand les yeux de Claire se posent sur un grand portrait.

« C'est votre père, n'est-ce pas ? Je le reconnais. Florence, peut-être serait-il temps d'ouvrir son cadeau ? Je ne suis que sa messagère…

– Oui, je suis prête. »

Je sens mes mains trembler.

Je découvre un élégant flacon ancien, au verre épais, couleur ambre.

« Il date des années 1930 et provient d'un parfumeur de Grasse du début du XXe siècle. Je l'ai trouvé chez un antiquaire. »

Je dévisse le bouchon, et une délicate fragrance qu'il me semble reconnaître s'échappe de la fiole...

« Florence, ce parfum, c'est un acte d'amour.

– Mais c'est du muguet, Claire ?

– Oui, c'est exact. »

Je verse quelques gouttes dans le creux de mon poignet, ferme les yeux et respire. J'ai l'impression de rêver, d'être ailleurs. C'est Claire qui me ramène au réel.

« Le parfum vous plaît ?

– Il ressemble à papa, et j'aime aussi cette note sucrée. Elle me rappelle les mûres gorgées de soleil qui nous régalaient sur le chemin de la cascade Saint-Nicolas.

– Je suis contente si le parfum réveille les saveurs de votre enfance dans les Vosges. C'est ce que votre père voulait quand je l'ai retrouvé dans mon laboratoire.

– Et le muguet, Claire, c'est à cause du 1er mai ?

– Non, pas du tout. Vous savez, Florence, mon seul objectif, c'était de traduire au mieux l'idée de la cascade. Je voulais restituer une sensation de fraîcheur, d'eau vive et de mousse verte. Le muguet s'est alors imposé comme une évidence.

– Moi je pensais que vous aviez mis du muguet parce que papa est mort un 1er mai.

– C'est fou, ce que vous me racontez ! En même temps, je comprends mieux...

– Quoi donc ?

– À un moment, j'ai cru que j'allais renoncer au muguet. Je ne parvenais pas à trouver l'harmonie pour recréer l'odeur du sous-bois de sapins. Mais, bizarrement, quelque chose me poussait à le conserver... Maintenant, nous savons pourquoi.

– Ce 1er mai, mes sœurs ont posé des brins de muguet sur sa poitrine et, partout dans sa chambre, des petits bouquets. Le parfum des fleurs a accompagné papa dans l'éternité. Le muguet, Claire, c'est encore un clin d'œil de sa part ! Sacré papa.

– Oui, quel esprit facétieux, votre père ! Pourtant, cette senteur n'a plus trop la cote chez les parfumeurs. On préfère le jasmin, la rose, la tubéreuse… »

La professionnelle reprend bientôt le dessus. Claire m'explique que le muguet doit son heure de gloire à Christian Dior avec le parfum *Diorissimo*, en 1956. Cette fleur était l'emblème de sa maison de couture et, les jours de défilé, le couturier n'hésitait pas à en glisser quelques brins dans les ourlets de ses créations, par superstition.

Nous nous quittons. Rires en cascade et cascade de rires. Clap de fin sur la cascade Saint-Nicolas.

Merci France Culture !

J'aime bien écouter les podcasts de France Culture et, alors que j'écris les dernières lignes de ce récit, mon attention est captée par cette curieuse formule : « L'au-delà est au-dedans. » Cette phrase résonne en moi. Je la répète à haute voix et écris sur un bout de papier le nom de son auteur, par crainte de l'oublier. Qui est Maurice Zundel, à l'origine de cet oxymore ? Je n'ai jamais entendu parler de lui.

Je lance une recherche sur le web, et découvre qu'il s'agit d'un prêtre catholique suisse mort en 1975, théologien anticonformiste et prédicateur sans paroisse. Le pape Paul VI l'a qualifié de « génie mystique ». « L'au-delà est au-dedans » figure dans une de ses prières, dont voici un extrait.

« Il s'agit de vaincre la mort aujourd'hui même. Le ciel n'est pas là-bas : il est ici. L'au-delà n'est pas derrière les nuages, il est au-dedans. L'au-delà est au-dedans, comme le ciel est ici maintenant. C'est aujourd'hui que la vie doit s'éterniser, c'est aujourd'hui que nous sommes appelés à vaincre la mort, à devenir source et origine, à recueillir l'histoire, pour qu'elle fasse, à travers nous, un nouveau départ… »

Pourquoi cette phrase sur l'au-dedans me touche-t-elle à ce point ? Elle n'est pourtant pas simple à comprendre. Mais elle résume parfaitement ce que je vis et ressens depuis les coccinelles de maman, la bague et le parfum de papa. Mes parents ont beau être partis dans le monde invisible, ils sont en moi et continuent à exister. C'est moi qui leur donne vie, et ce sont eux qui influent sur la mienne. L'idée que leur vie s'éternise et que la mort peut être créatrice – et pas seulement destructrice – me réjouit.

Si « l'au-delà est au-dedans », alors je n'ai plus peur de l'au-delà. Et n'est-ce pas la meilleure façon d'apprivoiser la mort ?

Lettre à mes parents

Maman, papa,

Il faut que je vous dise : j'ai écrit un livre. Et je l'ai intitulé *Coccinelle.* Cela doit te faire sourire, maman, parce que toi, tu en connais la raison. Papa t'a rejointe depuis peu. Qu'est-ce que vous devez être heureux à nouveau ensemble ! La vie est belle ?

Je rédige cette lettre comme je l'ai toujours fait depuis que je sais tenir un crayon. D'ailleurs, maman, tu as conservé mes cartes postales et mes petits mots… comme les cailloux du Petit Poucet l'aident à retrouver son chemin. Comme tu as bien fait ! Toutes ces bribes de souvenirs ont resurgi au fil des jours, sans que je sache pourquoi et sont venues s'imbriquer dans le puzzle de ma vie : ce poème que j'avais composé pour toi, cette petite planche de l'école primaire, cette photo du torrent en contrebas de notre maison de Kruth…

Comme tu le sais, Lily nous a aussi quittés, puisque tu as eu la délicatesse de me prévenir. C'était toi, hein, maman ? Après son départ, trop de mots – et de maux – se bousculaient en moi ; je me suis plongée dans l'écriture, et j'ai eu le sentiment étrange d'avoir été accompagnée. Les phrases coulaient avec allégresse, et les images de mon enfance revenaient comme des flashs de bonheur. Je me suis même demandé si tu ne t'étais pas associée à Lily pour m'aider à finir *Coccinelle.* Les larmes n'étaient jamais loin, mais je n'ai pas écrit dans la douleur. Au contraire, c'était joyeux, et j'ai ri, souri, en me promenant dans notre passé.

Papa, depuis que tu es parti au mois de mai, je te trouve très actif dans ton nouveau monde. Sache que je porte presque tous les jours la bague ; le parfum, je le garde pour les moments où j'ai besoin de me sentir près de toi. Comment te dire merci pour l'amour que tu continues à me donner avec ces cadeaux ?

Maman, je voudrais te dire encore combien les coccinelles que tu m'as envoyées m'ont fait du bien. Elles me procurent une telle force intérieure ! Parfois, je me dis qu'elles me protègent, et elles m'ont aussi appris à ne plus détourner mon regard de la nature. Aujourd'hui, une fleur, un oiseau, un ciel d'automne me parlent différemment. Je garde les yeux grands ouverts pour mieux capter les signes.

Maman, papa, si je ne devais plus voir de coccinelles, je ne serais pas triste. Les preuves de votre présence, je les ai eues, et je n'en ai plus besoin. Je sais que vous êtes là, et le monde est plus beau.

Je vous aime.
Florence

Paris, le 22 janvier 2020

Remerciements

Rien de plus solitaire que l'écriture et, pourtant, rien de plus collectif qu'un roman ou un récit. Mille mercis à :

Mes sœurs Clo et Ève ;

Lou, ma fille, sceptique parmi les sceptiques ;

B., mon mari, un esprit rationnel qui « m'aime et me comprend » ;

Rolande, ma cousine, vicaire de l'église de Saint-Jean-Kourtzerode ;

Yvon Bedu, mon assistant et ami, le plus avisé des critiques ;

Robert Redecker, le premier à m'avoir dit « Continuez ! » ;

Carole, Catherine, Constance, Éric, Florence, Isabelle, Jeanne, Lola et Valdas, des lecteurs exigeants ;

Ludovic et mes partenaires de Boxing Spirit Paris qui me donnent la pêche ;

Claire Merryl, médium et parfumeuse, qui sait, mieux que tout autre, « décalquer l'invisible » ;

Noëlle, mon éditrice, qui croit en moi depuis le premier jour.

Mention spéciale aux trois chattes qui ne m'ont pas quittée durant l'écriture : Duchesse la Fidèle, Cléo la Sauvage et Mojo la Facétieuse.

MIXTE
Papier issu de sources responsables
FSC
www.fsc.org
FSC® C003309

Les papiers utilisés dans cet ouvrage
sont issus de forêts responsablement gérées.

Cet ouvrage a été achevé d'imprimer en février 2020
dans les ateliers de Normandie Roto Impression s.a.s.
61250 Lonrai
N° d'impression : 2000902

Imprimé en France